Geburtenregelung

Grünewald-Reihe

Alexandre Ganoczy, Der schöpferische Mensch und die Schöpfung Gottes

Thomas Pröpper, Der Jesus der Philosophen und der Jesus des Glaubens

Walter Kasper, Zur Theologie der christlichen Ehe

Gisbert Greshake / Gerhard Lohfink (Hg.), Bittgebet – Testfall des Glaubens

Walter Kasper / Karl Lehmann (Hg.), Teufel – Dämonen – Besessenheit

Adolf Exeler / Norbert Mette (Hg.), Theologie des Volkes

Karl Lehmann / Leo Scheffczyk / Rudolf Schnackenburg / Hermann Volk, Vollendung des Lebens – Hoffnung auf Herrlichkeit

Leonardo Boff, Die Neuentdeckung der Kirche – Basisgemeinden in Lateinamerika

Alois Müller, Glaubensrede über die Mutter Jesu

Ferdinand Klostermann, Gemeinde ohne Priester. Ist der Zölibat eine Ursache?

Pinchas Lapide, Die Bergpredigt – Utopie oder Programm?

Hubert Frankemölle, Friede und Schwert.
Frieden schaffen nach dem Neuen Testament

Jürgen Werbick, Schulderfahrung und Bußsakrament

Bernd Jochen Hilberath, Heiliger Geist – heilender Geist

Bruno Forte, Trinität als Geschichte.
Der lebendige Gott – Gott der Lebenden

Bernd Jochen Hilberath, Der dreieinige Gott und die Gemeinschaft der Menschen.
Orientierungen zur christlichen Rede von Gott

Dietmar Mieth, Geburtenregelung. Ein Konflikt in der katholischen Kirche

Alois Müller, Der dritte Weg zu glauben. Christsein zwischen Rückzug und Auszug

Eberhard Schockenhoff, Das umstrittene Gewissen. Eine theologische Grundlegung

Glaubensbekenntnis und Treueid. Klarstellungen zu den „neuen“ römischen Formeln für kirchliche Amtsträger. Mit Beiträgen von Gustave Thils und Theodor Schneider

Dietmar Mieth

Geburtenregelung

Ein Konflikt in der katholischen Kirche

Matthias-Grünewald-Verlag · Mainz

CIP-Titelaufnahme der Deutschen Bibliothek

Mieth, Dietmar:
Geburtenregelung: ein Konflikt in der katholischen Kirche / Dietmar Mieth. – Mainz: Matthias-Grünewald-Verl., 1990
(Grünewald-Reihe)
ISBN 3-7867-1478-9

Reihengestaltung: Peter Offenberg Grafik
Satz: Textservice Zink, Heiligkreuzsteinach
Druck und Bindung: Rübelmann GmbH, Hemsbach
ISBN 3-7867-1478-9

Inhalt

Vorwort

Dieses Buch verfolgt zwei Absichten: eine zusammenfassende Information über die sehr facettenreiche Diskussion um die verantwortete Elternschaft in der katholischen Kirche, die sich auch auf die Themen Autorität, Gewissen, Normgeltung und Normbegründung bezieht; ferner eine Einordnung dieses Themas in die neuen Fragen zur Reproduktionstechnik am Menschen.
Die Auseinandersetzung um die Geburtenregelung hatte einen Höhepunkt in den sechziger Jahren nach dem Erscheinen der Enzyklika Pauls VI. „Humanae Vitae" (1968). In der Fortsetzung dieser Diskussion auf den Pastoralsynoden einzelner europäischer Länder entstanden kaum neue Argumente. Dagegen wurde der Unterschied zwischen einer strengen Doktrin mit dem Verbot aller Mittel bis auf die sogenannte „natürliche" Familienplanung und ihrer pastoralen Auslegung deutlich. Er prägt bis heute die katholische Diskussion. Die Ende der achtziger Jahre erneut sichtbare Tendenz, diese „Spannungseinheit" zugunsten der „römischen" Auslegung der Doktrin einzuebnen, fand in der Kirche auch entschiedenen Widerspruch. Diese Situation, auch als dritte „Modernismuskrise" der Kirche (nach der Weltbildkrise und nach der Krise um die modernen Freiheitsrechte) bezeichnet, bestimmt aber nur einen Teil dieses Buches. Darüber hinaus möchte ich darauf aufmerksam machen, wie sehr der Streit um die Geburtenregelung in einem neuen Zusammenhang mit der Diskussion um die „Reproduktionstherapien" gesehen werden muß.
Die Frage der Verhinderung von Geburten *nach* der Empfängnis ist im übrigen in der *ethischen* Auffassung der Katholiken *kein* Konflikt. Denn hier besteht Übereinstimmung, daß Schwangerschaftsabbruch keine Methode der Geburtenregelung sein darf. Umstritten ist freilich, welche sozialen und rechtlichen Konsequenzen daraus zu ziehen sind. Eine Verbindung zwischen geringem Gebrauch von empfängnisregelnden Mitteln einerseits und hohen Zahlen im Schwangerschaftsabbruch (wie z.B. in Polen) ist jedenfalls auch für die katholische Kirche eine Belastung.
Die neuen technischen Möglichkeiten, Empfängnis zu verhindern und Empfängnis bzw. Schwangerschaft zu ermöglichen, werden oft

als „therapeutische" Methoden angesehen. Es geht jedoch nicht im traditionellen Sinne um die Heilung von Krankheiten. Fruchtbarkeit ist keine Krankheit, Unfruchtbarkeit muß nicht als Behinderung verstanden werden. Der katholische Konflikt um die Geburtenregelung, der manchem Außenstehenden als sehr spezifisch erscheinen mag, steht stellvertretend für die umfassendere Auseinandersetzung um unseren menschengerechten Umgang mit der Manipulation der Zeugung und der Schwangerschaft (etwa bei Eingriffen zu diagnostischen bzw. therapeutischen Zwecken). Er hat darum eine mehr als nur innerkirchliche Bedeutung.

Auf der anderen Seite ist es sinnvoll, den innerkirchlichen Konflikt argumentativ weiter zu klären. Es geht dabei weniger darum, wie mündige Menschen in der Kirche die Sache mit sich selbst austragen. Die Wirkung macht besorgt, die für die Glaubwürdigkeit kirchlicher Weisung entsteht. Die Bindung kirchlicher Dynamik – angesichts so vieler anderer Herausforderungen heute – ist ebenfalls beunruhigend.

Nur in einer Atmosphäre des Freimutes kann geklärt werden, ob in der Sprache der Begründung, in der Beschreibung der Geltung und in der Unterscheidung der Ebenen (sittliche Richtigkeit, pastorale Angemessenheit) nicht auch Mißverständnisse bestehen, die ausgeräumt werden können. Seit einem Jahrzehnt schottet sich die römische Hoftheologie weitgehend gegenüber dem internationalen Austausch der Moraltheologie ab, spricht nur *mit* denen, die nicht widersprechen, und höchstens *über* die, die ihre theologische Methode und ihre argumentative Begründung nicht überzeugend finden.

Ich widme diese Beiträge zu einem umstrittenen Thema einem Mitglied der Kommission Pauls VI. zur Empfängnisregelung (1964-66), Professor Alfons Auer, zum 75. Geburtstag. Ich habe damals als sein Doktorand (1964-67) nur am Rande etwas von den Entwicklungen gehört und verstanden, die schließlich zu einem Kommissionsbericht führten, dem Paul VI. nicht folgte. Ich habe das Thema Geburtenregelung nie besonders anziehend gefunden, und, obwohl ich mich seit 1968 immer wieder damit beschäftigen mußte, nichts direkt dazu publiziert. Manche Teile dieses Buches sind in diesem langen Zeitraum entstanden, wenn man will, „gereift". Dabei habe ich nie so recht begreifen können, weshalb das hierarchische Lehramt mit der Auffassung von Experten (Medizinern), die überzeugte Christen sind, mit den praktischen gelebten Überzeugungen mündiger Laien, Männern und Frauen, und mit der Erfahrung der Seelsorger in dieser doch sehr komplexen Materie so wenig anzufangen weiß. Dies wäre jedoch eine der Voraussetzungen dafür, daß wir gemeinsam in Zukunft uns der Verantwortung stellen, welche die sprunghafte Entwicklung der Reproduktionstechniken herausfordert.

Für die Betreuung des Manuskriptes und die Korrekturarbeiten möchte ich mich besonders bei Frau Ruthild Dickmann bedanken.

Dietmar Mieth

Erstes Kapitel
Die Methoden der Geburtenregelung im sachlichen Widerstreit

Eine gewisse Unklarheit in der sachlichen Auseinandersetzung um die Methoden der Geburtenregelung entsteht bereits durch die Assoziationen, welche die gebräuchlichen Begriffe nahelegen. Schon das hier eingeführte Wort „Geburtenregelung" ist zwar sachlich mit „Empfängnisverhütung" identisch, könnte aber auf Handlungsalternativen im gesamten vorgeburtlichen Raum verweisen, die nicht mitgemeint sind. Also muß der Ausdruck „Geburtenregelung" in der Begriffsbestimmung vom Schwangerschaftsabbruch bzw. von abortiven Methoden eindeutig unterschieden werden.
Mir scheint der Ausdruck „Empfängnisregelung" die Sache am genauesten zu treffen.[1] Aber er ist wenig gebräuchlich und ebenfalls nicht frei von Assoziationen. Noch stärker gilt dies für „Empfängnisverhütung", weil der Ausdruck „Verhütung" eine Art „Gefahrenabwehr" assoziiert. Unsere Sprachmittel sind oft für eine sachliche Sprache nicht sachangemessen genug.
Oft wird daher vorgeschlagen, im positiven Sinne von „verantworteter Elternschaft" zu sprechen. Dieser Begriff gehört jedoch nicht mehr in die beschreibende, sondern in die vorschreibende Sprache: er ist ein ethischer Begriff und kein Sachbegriff. Die Intention verantworteter Elternschaft wird niemand bestreiten, der für Verantwortung und gegen Willkür ist. Verantwortung ist ein ethischer Maßstab für die Sache, die wir weiterhin, gewiß unzulänglich, „Geburtenregelung" nennen, weil dieser Ausdruck am meisten gebräuchlich und sachlich definiert ist.

1 Diesen Ausdruck benutzt auch das Lexikon Medizin-Ethik-Recht, hg. v. A. Eser u.a., Freiburg u.a. 1989, 279-297, Artikel von G.K. Döring und J. Gründel (mit der neuesten Literatur).

1. Sachlich und ethisch relevante Unterscheidungen[2]

a. *Zeitwahl: „natürliche" Methode oder Beobachtungstechnik?*

Das Problem in der Beschreibung der Sache der Geburtenregelung setzt sich im Problem der Beschreibung der Methoden fort. Wenn z.B. von der „Natürlichen Familienplanung" die Rede ist, dann ist der Ausdruck „natürlich" im doppelten Sinne problematisch. Zum einen, insofern er als Gegenbegriff zu „technisch" gemeint ist – man kann daran zweifeln, ob die gemeinte Methode nicht doch zum technischen Handeln gehört; zum anderen, insofern „natürlich" hier zugleich wertend und nicht nur beschreibend gemeint ist, als seien wir Menschen nicht gehalten, verantwortlich zu bestimmen, was am „Natürlichen" wertvoll sei und was nicht. Das ja keineswegs „unnatürliche" Begehren soll der Mensch in einer ganzen Reihe von Fällen der Sexualethik beherrschen; in Sachen der Fruchtbarkeit soll er sich hingegen nach den natürlichen Vorgegebenheiten richten, also das Gut der Natur als bindenden sittlichen Wert bestimmen.

Das Problem der sachlich und ethisch relevanten Unterscheidungen führt uns also sogleich dazu, den Begriff der „Natürlichen Familienplanung" (NFP) zu definieren. Sachlich beschrieben handelt es sich um eine Kombination von Beobachtungstechniken für die Eireifung bei der Frau und periodischer Enthaltsamkeit des Paares für die fruchtbaren Zeiten der Frau. Den Sach- und Wertbegriff des „Natürlichen" müssen wir dabei zunächst zurückstellen, da er Gegenstand einer kritischen Auseinandersetzung ist. Mir scheint es aber sinnvoll, die Intention dieses Sprachgebrauches aufzunehmen: den sanften Umgang mit Vorgegebenheiten der Natur, die sanfte Steuerung, die sanfte Technik. Dies würde dann auch im Vergleich mit dem ethisch noch nicht qualifizierten Begehren keinen Unterschied begründen: denn auch das Begehren soll nach klassischer ethischer Tradition nicht unterdrückt, sondern gelenkt werden.

Die Methode der Beobachtungstechnik in Verbindung mit periodischer Enthaltsamkeit erinnert zudem an die Unterscheidung zwi-

2 Vgl. G.K. Döring, Empfängnisverhütung, Stuttgart [11]1989; E.J. Haeberle, Die Sexualität des Menschen, Berlin-New York 1983, 96-113; M. Thielenhaus, Familienplanung, in: Frauenlexikon, hg. v. A. Lissner u.a., Freiburg u.a. 1988, 279-285; S. Klemm, Geburtenregelung, in: Wörterbuch des Christentums, hg. v. H. Häring u.a., Gütersloh 1988, 387f.

schen dem vorneuzeitlichen und dem neuzeitlichen Begriff der Natur-Wissenschaft. Vorneuzeitlich stand die Naturbeobachtung und die ihre Kräfte belassende Lenkung im Vordergrund; neuzeitlich dominiert die eingreifende Neugier bis zur Umgestaltung der elementaren Bausteine der Elemente und der Zellen des Lebens. Insofern mag der Ausdruck „natürlich" auch die Intention haben, zwei Arten des Umgangs mit Lebensprozessen zu unterscheiden. Aber es bleibt die Frage, ob und wie er die Intention einlöst.

Die Beobachtungsmethoden sind: Kalenderführung, Temperaturmessung und Begutachtung des Cervixschleimes mit verschiedenen Hilfsmitteln (z.B. Scheidenspiegel). Die Verbindung dieser Methoden mit der periodischen Enthaltsamkeit ist oft nicht strikt. Die Geburtenregelungsnorm von *Humanae Vitae* (1968), welche die Beobachtungstechniken allein in der Verbindung mit periodischer Enthaltsamkeit als Methode der Zeitwahl und diese wiederum als ausschließliche Methode verantworteter Elternschaft zulassen möchte, schließt damit zwar andere Verbindungen der Beobachtungstechniken aus, aber niemand weiß, wie sehr dies praktisch wirksam ist, und viele Paare benutzen diese Methode, ohne ihre Kombination mit anderen Methoden zu scheuen. Wer die Zeitwahl akzeptiert, hat nicht eo ipso andere Methoden ausgeschlossen.

Die Beobachtungsmethoden kommen also auch in Verbindung mit Modifikationen geschlechtlicher Begegnung, mit mechanischen und chemischen Methoden vor. Diese werden dann als zweite Wahl eingesetzt, wenn die Zeit nicht eingehalten werden kann. Es handelt sich um die seit Beginn der Geschichte der Menschheit bekannten Formen der Verringerung der Fruchtbarkeitsmöglichkeit wie „coitus interruptus" (vor der Ejakulation abgebrochene Vereinigung), nichtvaginale Gestaltungen geschlechtlicher Beziehungen (angefangen beim sogenannten Petting) oder auch die schon einmal vor hundert Jahren kirchlich begutachtete „copula dimidiata" (kein vollständiges Eindringen des Gliedes in die Vagina).

b. Modifikationen der geschlechtlichen Begegnung

Wo Modifikationen der geschlechtlichen Begegnung, dem wie immer zu bewertenden Zeitgeist entsprechend, mit Unbefangenheit akzeptiert werden, da werden sie auch im Sinne der Intention „natürlich-sanfter" Technik verstanden, d.h. es unterliegt ihnen das gleiche

Gesinnungsmoment wie der Methode der Natürlichen Familienplanung (NFP). Es geht dann darum, Mechanisches, Chemisches und Hormonelles möglichst aus der geschlechtlichen Begegnung herauszuhalten. Offensichtlich gibt es für die Intention eine ethisch relevante Unterscheidung, die in der Vorstellung eines eher sanften und kontemplativen Umgangs befangen ist und diesen von einem Gebrauch des Dinglichen und Eingreifenden unterscheiden möchte. Die ethisch relevante Unterscheidung dieser Intention ist jedoch nicht identisch mit der von der kirchlichen Geburtenregelungsnorm zugelassenen Methode der Beobachtungstechnik in Verbindung mit periodischer Enthaltsamkeit. Die kirchliche Geburtenregelungsnorm verlangt, das macht diese Überlegung deutlich, nicht primär einen Begriff von „Natur", der mit sanftem Umgang und gelassener Leiblichkeit zusammentrifft, sondern einen Begriff von „Natur", der die vaginale Vereinigung zum Maßstab setzt, auch wo das Bewußtsein klar ist, daß diese nicht der Fruchtbarkeit dienen kann. Auch wo Unfruchtbarkeit vorliegt, hält die kirchliche Lehre am Vollzug des Aktes so fest, als ob er fruchtbar sein könne.

Mit dem Versuch einer Beschreibung der Zeitwahlmethoden und ihrer unterschiedlich möglichen Kombinationen kommt man m.E., das sei bereits hier festgestellt, in einen Bereich der objektiven Schwierigkeit, Methoden der geschlechtlichen Begegnung unabhängig von der verantwortlichen Bestimmung des Paares zu objektivieren.

Es gibt eine Unschärfe der Objektivation, wo es darum geht, etwas in seinen Implikationen unabhängig von Subjektivität zu beschreiben, das, objektiv gesehen, geradezu der Subjektivität bedarf, um objektiv im Hinblick auf ethische Relevanz beschrieben werden zu können. Dieses Paradox macht das Dickicht deutlich, in dem sich ein Ethiker verlaufen kann, wenn er zunächst sachliche Unterscheidungen klären will, um den Gegenstand der sittlichen Verantwortung erst einmal zu sichten. Es fragt sich nämlich, ob sich hier überhaupt die Verantwortung vom Standpunkt der Nichtbetroffenheit her rekonstruieren läßt, ob also die „Neutralität" des ethischen Standpunktes in diesem Lebensbereich differenzierend eingebracht werden kann und darf, ob nicht vielmehr genau diese Differenzierung in die Selbstbestimmung des Paares, möglicherweise unter Hinzuziehung angemessener, d.h. nicht einfach objektivierender, Beratung, überantwortet werden muß. Damit sind wir genau am Punkte der Auseinandersetzung innerhalb der katholischen Kirche, einer Auseinandersetzung, die vielleicht mehr einschließt als die Methoden der Geburtenregelung, weil es in ihr auch um die Bestimmung mündiger Verantwortung unter Christen geht.

c. *Vom Kondom zur Pille: Empfängnisregelung bis zur Einnistungsverhinderung?*

Die Modifikationen der geschlechtlichen Begegnung stellen gewiß auch eigenständige Möglichkeiten der Empfängnisregelung dar, und sie schließen, wenn sie nicht auf der genannten Intention sanfter Technik beruhen, die Kombination mit anderen Methoden nicht aus: die „mechanischen" Methoden (Kondom beim Mann, Pessar bei der Frau), die „chemischen" (Scheidenzäpfchen u.ä.) und hormonellen Methoden (die sogenannte Pille) oder auch eine Kombination wie die Spirale, die sowohl mechanisch wie chemisch (über die Kupferlegierung) wirkt. Neben der ethisch relevanten Unterscheidung der Intention, die wir bereits kennengelernt haben, wird hier eine sachliche Unterscheidung ethisch relevant: die Unterscheidung zwischen empfängnisverhütenden und „abortiven", d.h. die befruchtete Eizelle an ihrer Entwicklung hindernden oder sie tötenden Methoden.

Die Methode ist hier ebenfalls sachlich zu bereinigen. Mit der Frage des Lebensbeginnes werden wir uns eigens beschäftigen (vgl. 4. Kap.). Zur Bestimmung des Begriffes „abortiv" genügt hier die Problematik der Unterscheidung zwischen Verhinderung der Vereinigung von fruchtbarer Eizelle und Samenzelle einerseits und Verhinderung der Einnistung der bereits befruchteten Eizelle andererseits. Dabei stellt sich zunächst einmal unabhängig von der Frage des Lebensbeginnes das Problem, ob wir wissen können, wann eine prophylaktische Verhinderung der Einnistung eine tatsächliche Verhinderung wird. Denn es besteht die Möglichkeit, daß die in Frage kommende befruchtete Eizelle auch ohne innidationshemmende Methode, gleichsam „von Natur aus", nicht zur Einnistung gekommen wäre. Die sogenannten „abortiven" Methoden bewirken daher nicht sicher den tatsächlichen Abgang der befruchteten Eizelle, wohl aber nehmen sie die Bewirkung dieses Abganges in Kauf. Es handelt sich also darum, daß eine empfängnisvermeidende Wirkung unmittelbar gewollt, eine einnistungsverhindernde Wirkung aber u.U. in Kauf genommen wird. Dies gilt für die hormonellen Mittel, die innidationsverhindernde Zusatzwirkungen haben – was oft den

Betreffenden weniger bekannt ist als dem Arzt; es gilt aber insbesondere für die „after morning pills" oder für die unter der Bezeichnung „RU-468" bekannt gewordene Substanz, welche als Inidationsprophylaxe betrachtet werden kann. Mit der Einnahme einer solchen Substanz kann aber nur die intentionelle Inkaufnahme einer einnistungsverhindernden Wirkung, nicht aber die Tatsächlichkeit dieser Wirkung bewiesen werden. Abgesehen von den Problemen des Rechtes, die sich aus solchen Beweisfragen ergeben, steht auch eine normative Ethik vor dem Problem, daß sie hier eher eine intentionelle Unterscheidung als einen tatsächlichen Vorgang zugrunde legen kann.

Unter dieser Voraussetzung ist der Begriff „abortiv" ebenfalls als Einstellungsvoraussetzung zu erfassen: nehme ich mit einer gewissen Wahrscheinlichkeit in Kauf, ohne es de facto zu wissen, daß eine befruchtete Eizelle, die ohne diesen Eingriff zur Einnistung gekommen wäre, nicht ihr Ziel erreicht. Das Nichtwissen bezieht sich dabei im übrigen auch auf die Voraussetzung, daß die Eizelle überhaupt befruchtet worden ist. Dies gilt freilich nur dann, wenn die abortive Pille nicht nach einem Frühschwangerschaftstest gezielt eingesetzt wird.

Verstehen wir unter „abortiv" nicht ein Faktum, sondern eine intentionale Grenzüberschreitung von der Empfängnisverhinderung zur Einnistungsprophylaxe, dann ist die Sachlage wohl von einem vollzogenen Schwangerschaftsabbruch zu unterscheiden. Also ist zu fragen, ob der Ausdruck „abortiv" der angemessene Sachausdruck ist, wenn damit der vollzogene Schwangerschaftsabbruch per definitionem verbunden sein sollte. Der Ausdruck „innidationshemmende" Methoden müßte genügen. Er schließt bekanntlich auch die Spirale bzw. ihre Nebenwirkungen ebenso ein wie einige Ovulationshemmer und deren Nebenwirkungen. Die Frage der ethischen Bewertung ist mit der Frage nach der sachlich und ethisch relevanten Unterscheidung noch nicht gestellt. Es sollte aber auch an dieser Stelle klar sein, daß die Argumente für einen sicheren Schutz menschlichen Lebens von Anfang an – die Ungesichertheit des Anfangs eingeschlossen – auch gegen innidationshemmende Methoden sprechen. Die Eingrenzung der Geburtenregelung auf die Empfängnisregelung sollte im engen Sinne als Verhinderung der Befruchtung ausgelegt werden.

Wir haben damit zwei sachlich begründete und ethisch relevante Unterscheidungen kennengelernt:

- die Unterscheidung zwischen sanfter und belassender Technik einerseits und (mechanisch, chemisch, hormonell) eingreifender Technik andererseits;
- die Unterscheidung zwischen Verhinderung der Befruchtung und Verhinderung der Einnistung.

d. *Vorübergehende und dauerhafte Unfruchtbarkeit (Sterilisation)*

Die Frage der Sterilisation soll abschließend im Zusammenhang mit den sachlich begründeten und ethisch relevanten Unterscheidungen behandelt werden. Daß ein sachlicher und ethisch relevanter Unterschied zwischen vorübergehender Unfruchtbarkeit und dauerhafter Unfruchtbarmachung besteht, ist sicher nicht zu bestreiten. Es ist der Unterschied zwischen umkehrbaren und unumkehrbaren oder nur sehr schwer und unsicher umkehrbaren Handlungen. Er ist ethisch relevant, weil wir die Folgen unserer Handlungen um so weniger steuern können, als wir keine Einwirkung mehr auf sie haben. Insofern wird niemand ohne ernsthafte Gründe eine dauerhafte Unfruchtbarkeit gegenüber einer vorübergehenden bevorzugen wollen, wie immer diese Gründe dann auch ethisch zu beurteilen sind.
Solche Unterscheidungen stellen, auch wenn wir ihre ethischen Auswirkungen ein Stück weit diskutiert haben, noch keine ethischen Maßstäbe dar. Dazu bedarf es erst eines Rückgriffes auf ein ethisches Wertvorzugsurteil. Bevor wir aber auf diese grundsätzlichen ethischen Fragen zu sprechen kommen, möchten wir den sachlichen Widerstreit erörtern, in dem die einzelnen Methodengruppen stehen. Diese Erörterung kann angesichts der inzwischen wohl deutlich gewordenen Komplexität nur auswahlsweise geschehen. Ich stelle im folgenden die Einwände gegen mechanische, chemisch-hormonelle und sogenannte „natürliche“ Methoden dar.

a. Einwände gegen mechanische Methoden

Die Einwände gegen mechanische Methoden beziehen sich auf ihre relative Unsicherheit, auf ihre ästhetisch-emotionale Bedeutung und auf ihre teilweise „gemischte" Wirkung. Unsicherheit ist freilich, wenn auch statistisch genau erfragt, eine Frage der Präzision im Umgang mit diesen Methoden. Wenn sie unter Berücksichtigung der Voraussetzungen ihrer Wirksamkeit angewandt werden, vermögen sie eine hohe Sicherheit zu garantieren. Es hat hier keinen Sinn, sich mit praktisch unbedeutenden Zahlenspielen zu beschäftigen, da es die absolute Sicherheit ohnehin nicht gibt. Gewichtiger sind die Einwände gegenüber „gemischten" Wirkungen. Dies gilt für die Spirale, wie wir gesehen haben, und berührt daher die ethisch relevante Unterscheidung zwischen Befruchtung und Einnistung.
Die ästhetisch-emotionalen Einwände berühren sich dagegen mit der ethisch relevanten Unterscheidung zwischen sanfter und eingreifender Technik. Wenn man die ohnehin nicht rein mechanisch wirkende Spirale außer acht läßt, dann geht es in diesen Einwänden um das Anlegen von Kondomen und/oder Pessaren aus Anlaß der geschlechtlichen Begegnung. Möglicherweise werden dabei jedoch zwei Perspektiven nicht genügend unterschieden: die Perspektive der Spontaneität und Unmittelbarkeit der geschlechtlichen Begegnung einerseits und die Perspektive der Sanftheit andererseits. Denn es ist wohl eher eine Frage des Umgangs mit diesen Methoden als eine Frage der Methode selbst, ob sie sanfte Techniken sein können. Die „eingreifende" Technik ist nicht sozusagen ein „Ding an sich". Hier besteht wiederum die Gefahr, daß man sich im Dickicht logisch nicht mehr nachvollziehbarer und nicht-objektivierbarer Eindrücke verliert – denn wo sollte der Unterschied zwischen erotischen Stimulantia als „Dingen" und empfängnisregelnden Mitteln als „Dingen" liegen?
Die ästhetisch-emotionalen Einwände sind also im Hinblick auf ihre ethische Relevanz wenig objektiv zu bestimmen, so sehr sie subjektiv zu respektieren sind. Spontaneität und Unmittelbarkeit mögen ebenso ihren Sinn haben wie ihre Gefahr, wenn sich hinter ihnen Sprachlosigkeit und Gefühllosigkeit verbergen sollte. Was dies betrifft, können sich aber nur die Betroffenen selbst prüfen.

b. *Einwände gegen chemisch-hormonelle Methoden*[3]

Im sachlichen Widerstreit wird hier noch nicht auf möglicherweise einschlägige ethische Regeln zurückgegriffen. Es geht zunächst einmal in diesem eindeutig technischen Wirkungsbereich um etwas, was heute allgemein und etwas modisch als „Technikfolgenabschätzung" bekannt ist. Die sachliche Einschätzung von Folgen ist dabei von ihrer ethischen Bewertung zu unterscheiden. Wenn man z.B. sagt, eine Methode sei unsicher, dann ist dies eine sachliche und keine ethische Bewertung. Diese Aussage kann aber zur ethischen Bewertung werden, wenn Sicherheit als ethisch geboten erscheint (was erst zu klären wäre).

Was die Sicherheit betrifft, so kann auch die „Pille" als Inbegriff dieser Methoden nur relativ sicher sein. Sie hat in unserer Kultur eine höhere Sicherheit, weil ihre Wirkung von Gebrauch, Ernährung (Eßgewohnheiten) und Krankheiten abhängig ist. Aber auch in unserer Kultur kann die Kombination mit anderen Medikamenten Auswirkungen auf die Sicherheit haben. Insbesondere kann die Pille in der Dritten Welt nicht einfach eine flächendeckende großtechnische Lösung für die Bevölkerungsexplosion sein, ohne daß dabei unterschiedliche Ernährungsgewohnheiten und daher auch unterschiedliche chemische Vorgänge und Zusammenhänge im Körper beachtet werden. Das Mißtrauen gegenüber aus der Industriekultur einfach übertragenen großtechnischen Lösungen ist auch hier am Platz, und die in diese Richtung gehende „Lesart" der Kirchen der Dritten Welt für die Geburtenregelungsnorm ist mehr als verständlich.

Bekannt sind auch die langfristigen Nebenwirkungen von Hormongaben bzw. Störungen von Hormonhaushalten, die hier nicht Gegenstand der Erörterung sein können, aber in jedem Fall in den Bereich medizinischer und elterlicher Verantwortung gehören. Aufklärungspflicht, „informed consent" (informierte Zustimmung) und

3 Daß in einer eingefahrenen Debatte Fakten selten neutral gedeutet werden, liegt auf der Hand. Der Ethiker kann hier nur schwer die Unterscheidung aus eigener Kompetenz vornehmen. Die folgenden Einwände, die ich anderswo nicht gesehen habe, stammen teilweise aus einem Interview-Beitrag zur Kritik der Pille mit Adelheid Grüninger in der Zeitschrift „pur-magazin" 9/1989, 8-12. Demgegenüber stellt der Mediziner G.K. Döring (vgl. Anm. 1), 282, lapidar fest: „Nebenwirkungen und gesundheitliche Risiken, von denen früher viel die Rede war, werden kaum noch beobachtet, seitdem die hormonarmen Pillenpräparate bevorzugt angewandt werden."

gemeinsame, kommunikative Abwägung des Paares sind hier wichtige Voraussetzungen für eine sachangemessene Entscheidung. Die Vereinigten Staaten sind in diesen Fragen sensibler und aufgeschlossener als Europa, vor allem in ihren Vorschriften über die Aufklärung von Nebenwirkungen auf pharmazeutischen Produkten.
Bei niedriger Dosierung der Hormone, um solche Nebenwirkungen einzuschränken, erhöht sich die Gefahr, daß die ethisch relevante Unterscheidung zwischen befruchtungsverhindernden und einnistungsverhindernden Methoden nicht mehr signifikant bleibt. Insofern steht man beim Gebrauch der Pille zwischen Skylla und Charybdis: um der einen Nebenwirkung zu entkommen, liefert man sich der anderen aus. Oft ist die relativ hohe Sicherheit der Pille in unserem Kulturkreis das einzige sachliche Argument, das im sachlichen Widerstreit positiv zählt, vor allem, wenn eine eventuell eintretende Schwangerschaft als hohe gesundheitliche Bedrohung erfahren würde.
Dieser Sicherheitsbedarf stellt aber wiederum ein Problem für die Verantwortung dar. Je höher er objektiv besteht oder subjektiv empfunden wird, um so eher werden ethisch relevante Unterscheidungen überspielt: die Unterscheidung zwischen vorübergehender und dauerhafter Unfruchtbarmachung (Sterilisation) ebenso wie die Unterscheidung zum Gefälle „abortiver" Methoden. Das psychologische Gefälle, das manche Moraltheologen (z.B. der Leiter des päpstlichen Ehe- und Familieninstituts an der Lateranuniversität, Cafarra) zwischen den Methoden aufgrund des Vorranges des Sicherheitsbedürfnisses sehen, wird zwar in diskriminierender Sprache geltend gemacht, aber man wird nicht bestreiten können, daß die Mentalität der „Sicherheit um jeden Preis" vorkommt, auch wenn sie wohl kaum für ansonsten kirchentreue, aber in der Geburtenregelungsnorm abweichende Katholiken zu unterstellen ist.

c. *Einwände gegen Beobachtungstechniken in Verbindung mit periodischer Enthaltsamkeit*[4]

Die sachlichen und damit noch vorethischen Einwände gegen die als „natürlich" propagierte Methode hat der Mediziner A.W. von Eiff

4 Vgl. A.W. von Eiff, Schutz des Lebens und personale Würde des Menschen als Grundlagen der Geburtenkontrolle, in: Stimmen der Zeit 201 (1982), 507-520.

im Namen eines durch die natürliche Neigung gestützten Personalismus wiederholt vorgetragen. Von Eiff geht dabei davon aus, daß von der biologischen Natur vorgegebene Prägungen durchaus signifikant, wenn auch nicht der verantwortlichen Gestaltung entzogen seien. Daher seien diese Vorgegebenheiten sachlich zu klären, ehe der Ausdruck „natürlich" als ethischer Maßstab Verwendung finden könne.

Wir hatten schon darauf aufmerksam gemacht, daß es nicht widerspruchsfrei möglich ist, die Triebnatur kultureller Zucht, die sexuelle Kultur aber umgekehrt der Fruchtbarkeitsnatur zu unterwerfen. In diesem Kontext weist von Eiff darauf hin, daß die von der biologischen Natur vorgegebene Libido-Bereitschaft der Frau mit ihrer Empfängnisfähigkeit gekoppelt ist. Kirchenväter wie Augustinus haben denn auch die Zeitwahl als nicht der Natur angemessen verstanden, weil sie entkoppelt, was unter der Voraussetzung der biologischen Natur gekoppelt ist. Nun ist mit von Eiff darauf aufmerksam gemacht worden, daß der Mensch seine biologisch präfigurierten Einstellungen im Sinne einer zweiten, kulturell erworbenen und biographisch angeeigneten „Natur" modifizieren kann. Dabei entstehen neue Spontaneitäten, vor allem über bestimmte Zeiträume hinweg, in denen die hohe erotische Motivation der Gesamtperson die biologischen Vorprägungen überspielt.[5] Aber dies ist weder kulturell noch biographisch einfach vorauszusetzen. Es ist vor allem keine objektive Gegebenheit, mit der sachlich unabhängig von den betroffenen Subjekten zu rechnen wäre. Wir finden hier wiederum das Problem vor, wie wenig subjektabhängige Sachlagen subjektunabhängig zu objektivieren sind. Dieses Phänomen macht Zurückhaltung in den Fragen und Vorfragen der ethischen Bewertung nötig.

Ein zweiter Einwand richtet sich auf die Voraussetzung zeitlicher Stabilität bzw. geringer Mobilität der Beteiligten. Wenn die geschlechtliche Beziehung von Ehepaaren als hohes ethisch relevantes Gut betrachtet wird, kann eine Verlängerung der Enthaltsamkeit ein

5 Vgl. dazu und wohl auch gegen die Überlegungen von Eiffs die These G.K. Dörings (Anm. 1), 286: „Die Meinung, die Zeit höchster Fruchtbarkeit im Zyklus stimme mit der Zeit des höchsten sexuellen Verlangens (bei der Frau) überein, läßt sich nicht aufrechterhalten, wenn man die zehn bestqualifizierten Publikationen über Libido im Zyklus kritisch betrachtet: Es zeigt sich, daß die Maxima der Libido häufiger in der Zeit nach der Regel und in der Zeit vor der Regel liegen als in der Zeit höchster Fruchtbarkeit in der Zyklusmitte."

sittliches Problem darstellen. Eine solche Verlängerung kann aber bei einiger Mobilität der Partner nötig werden – was tun sie also, wenn sie gerade nur in einer fruchtbaren Zeit eine Möglichkeit der Begegnung haben?
Auch bei der Verbindung von Beobachtungstechniken mit periodischer Enthaltsamkeit bleibt ein Sicherheitsrisiko, wenn auch die Verfeinerung der Techniken die Sicherheit erheblich erhöht hat, so daß diese Methoden, was die Sicherheit betrifft, nicht mehr signifikant hinter anderen Methoden zurückbleiben. (Davon zu unterscheiden ist das Problem des Sicherheitsgefühls, das im Hinblick auf die Zeitwahl wohl erst erneut erworben werden muß.) Das Sicherheitsrisiko ist auch hier vor allem der menschliche Faktor und nicht die Technik als solche. Hier entsteht freilich vor allem dann ein Problem, wenn die Kombination der Beobachtungstechniken mit anderen Methoden als der periodischen Enthaltsamkeit ausgeschlossen wird (s.o.).

3. Lernprozesse aus dem sachlichen Widerstreit

▸ *Zu den objektiven Gegebenheiten gehören subjektive Voraussetzungen*

Der Eintritt in die sachliche Debatte über die Methoden der Geburtenregelung hat immer wieder gezeigt, daß sich die menschlichen Faktoren der Begrenztheit, der Betroffenheit, der Intensität und Möglichkeit der Beziehung nicht ausreichend ausloten lassen. Der rein sachliche Weg der Annäherung an die Methoden der Geburtenregelung führt daher immer wieder in unscharfe Unterscheidungen, die durch die Lage der betroffenen Subjekte modifiziert werden können. Was also läge näher, als die Frage der Kompetenz der Subjekte unter Maßgabe allgemeiner Verantwortungsregeln gegenüber dem werdenden Leben, der Familienplanung und der ehelichen Beziehung auch wirklich zu überlassen?

▸ *Jeder Alternativismus zwischen den Methoden kommt an eine Grenze*

Da subjektive Lagen, Prozesse von Beziehungen, objektive Faktoren u.ä. sich verändern können, führt gerade der Versuch der präzisen sachlichen Unterscheidung und Bevorzugung einer Methode im exklusiven Sinne zu Grenzfällen, an denen die Kriterien nicht mehr greifen. Wir haben dies an den Beobachtungstechniken ebenso gezeigt wie an den ästhetisch-emotionalen Einwänden gegen mechanische Methoden.

- *Die Verantwortungsfrage ist zwar universal, aber kaum uniform zu beantworten*

Sowohl an der Pille wie an den NFP-Methoden läßt sich zeigen, daß sie als universale Techniken vor allem gegenüber dem Anspruch der Bevölkerungsexplosion in den Drittweltländern versagen müssen. Worauf es ankäme, wäre, regionale Verantwortung regionaler technischer und ethischer Instanzen so zu stärken, daß sie zu angemessenen Lösungen kommen könnten. Uniforme Normen sind hier schon aufgrund des beschriebenen sachlichen Widerstreites für eine Lösung eher hinderlich als förderlich. Es ist darum in der katholischen Kirche nicht verwunderlich, daß die Ortskirchen hier Anpassungen vorgenommen haben, wenn auch vorrangig in den Industrieländern.

- *Exklusive Urteile sind angesichts der Unschärferelationen zu vermeiden*

Dieses Ergebnis aus dem Lernprozeß der Debatte bedeutet noch einmal eine Verstärkung der unersetzbaren personalen Verantwortung der Betroffenen und ihrer kompetenten Ratgeber.

- *Die Verantwortung für die Wahl der Methode darf nicht gewichtiger werden als die Verantwortung für Leib und Leben der Eltern und die Verantwortung für Zahl und Zeitpunkt der Kinder*

Obwohl wir einige ethisch relevante Unterscheidungen kennengelernt haben, sind wir doch auf der Ebene der Methodendiskussion immer wieder auf Probleme der Abwägung gestoßen, die jeweils andere Gesichtspunkte in der Sachdebatte verstärken, z.B. erhöhte Sicherheit bei Gefahr für Leib und Leben; Voraussetzungen für die Ernährung und Erziehung von Kindern. Solche Abwägungen sind auch umkehrbar und könnten dann bis zur Pflicht reichen, Kinder zu bekommen und aufzuziehen. In jedem Fall ist aber eine partielle Verblendung durch die Methodenfrage zu vermeiden.

- *Jede Verantwortung erfordert Phantasie*

Die Dilemmata, die sich aus den drei ethisch relevanten Unterscheidungen zwischen sanfter und eingreifender Technik, zwischen Befruchtung und Einnistung und zwischen vorübergehender und dauernder Unfruchtbarkeit ergaben, sind Herausforderungen, die Verantwortung zu klären. Der Mensch handelt jedoch nicht dort verantwortlich, wo er sich in Dilemmata hineinbegibt, sondern dort, wo er Phantasie entwickelt, um solche Dilemmata zu vermeiden. Diese Phantasie erfordert das Gespräch zwischen den Beteiligten, dieses wiederum die Sprachfähigkeit und damit die Enttabuisierung der sexuell dominierten Sprachregionen.

Zweites Kapitel
Verantwortete Elternschaft – eine Frage des Gewissens

1. Gehorsam und Gewissen – der Anspruch des päpstlichen Lehramtes an die sittliche Verantwortung der Person (1968)

Die Problematik des Gehorsams wird einem kaum irgendwo deutlicher als bei der Lektüre der Enzyklika Pauls VI. *Humanae Vitae*. Dort heißt es in n.28 an die Priester: „Gebt an erster Stelle ihr bei der Ausübung eures Amtes das Beispiel aufrichtigen Gehorsams, der innerlich und nach außen dem kirchlichen Lehramt zu leisten ist. Wie ihr wohl wißt, verpflichtet dieser Gehorsam nicht so sehr wegen der beigebrachten Beweisgründe, als wegen des Lichtes des Heiligen Geistes, mit dem besonders die Hirten der Kirche bei der Darlegung der Wahrheit ausgestattet sind (vgl. *Lumen Gentium* n. 25). Ihr wißt auch, daß es zur Wahrung des inneren Friedens der einzelnen und der Einheit des christlichen Volkes von größter Bedeutung ist, daß in Sitten – wie in Glaubensfragen alle dem kirchlichen Lehramt gehorchen und die gleiche Sprache sprechen." Ähnlich verweisen auch die Bischöfe Deutschlands und Österreichs in ihren amtlichen Stellungnahmen zur Enzyklika auf den 25. Artikel der Kirchenkonstitution *Lumen Gentium* des II. Vatikanums, in dem gesagt ist, daß „in besonderer Weise dem authentischen Lehramt des Bischofs von Rom, auch wenn er nicht kraft höchster Lehrautorität spricht", der „religiöse Gehorsam des Willens und des Verstandes" zu leisten sei. Welche Haltung dieser so häufig apostrophierte „religiöse Gehorsam" verlangt, wird sehr schnell klar, wenn man sich in den einschlägigen Nachschlagewerken informiert. So heißt etwa eine Definition von F. Scholz: „Gehorsam ist die Bereitschaft des Willens, sich den gebietenden Anordnungen der rechtmäßigen Autorität in Gesinnung und Tat (bzw. Unterlassung) anzugleichen. Der einzelne Gehorsamsakt zielt auf innere Annahme und äußere Durchführung einer einzelnen Anordnung. Gehorsam im weiteren (materiellen)

Sinne bekundet sich bei der Erfüllung jeder gebotenen, religiös-sittlichen Weisung, solange das Gute um seines Eigensinnes und nicht wegen des Befehls verwirklicht wird. Dieser allgemeine Gehorsam trägt indes noch nicht das Gepräge einer besonderen Tugend. Der hier in Frage stehende *formelle* Gehorsam hat die autoritative Anordnung zum Beweggrund ... Dieser Gehorsam erfordert daher – ähnlich wie der Glaube – nicht unmittelbare Einsicht in Sinn und Eigenwert des Gebotenen, er stützt sich vielmehr darauf, daß es sinnvoll und gut ist, sich der sittlich ausgewiesenen Autorität zu fügen."[1]

Diesem „religiösen Gehorsam" kommt es also weniger auf den Inhalt der gebotenen Lehre an, sondern vielmehr auf die Anerkennung der rechtmäßigen Amtsbefugnis. Nun hielten es aber sowohl die Bischöfe Hollands, Deutschlands wie Österreichs 1968 für denkbar, daß ein Christ in Theorie und Praxis in seiner Gewissensentscheidung zu einer anderen Überzeugung gelangt, als sie das nicht unfehlbare Lehramt vertritt, und daß er dieser Überzeugung auch folgen darf und sogar folgen muß. Der Inhalt des Gebotenen wird also der Gewissensentscheidung nicht durch den Gehorsam entzogen. Hier wird deutlich, was in einem kleinen Satz der Stellungnahme der deutschen Bischöfe formuliert ist: „Es bahnen sich neue Formen der Verwirklichung von Autorität und Freiheit in der Kirche an" (n.7). Die holländischen Bischöfe wünschen sogar, daß das Gespräch über diese Enzyklika helfen möge, „zu einer geläuterten Bewertung und Ausübung der Autorität in der Kirche zu führen"[2].

Im Rahmen dieser Veränderung schien auch die Vorstellung vom „religiösen Gehorsam", die wie ein Schatten über all den innerkirchlichen Diskussionen hing, zu einer neuen Formulierung zu gelangen. Auf die Notwendigkeit dieser neuen Formulierung hat die evangelische Theologin D. Sölle ebenfalls 1968 hingewiesen. „In keinem Bereich haben die Verhärtungen der Tradition so schwere

1 Vgl. Art. Gehorsam, in: Handbuch theologischer Grundbegriffe, hg. v. H. Fries, Bd. 1, München 1962, 457-461; vgl. L. Berg, Art. Gehorsam, in: LTHK (1960) 602f; den Ausfall des Grundwortes „Gehorsam" im von P. Eicher hg. „Neuen Handbuch theologischer Grundbegriffe", München 1984, wird man bedauern; vgl. zum Begriff in der Kontroverse: W. Molinski, Art. Gehorsam, in: Ökumene-Lexikon, hg. v. H. Krüger u.a., Frankfurt a.M. 1983, 425-428; V. Eid, Art. Gehorsam, in: Wörterbuch des Christentums, hg. v. H. Häring u.a., Gütersloh 1988, 391-393.

2 Erstes Echo auf Humanae Vitae, hg. v. F. Oertel, Essen 1968, 79.

Folgen gehabt wie im Bereich der Bildung des Gewissens. Unter der Diktatur festgelegter Normen und Verhaltensschemata geht die Sensibilität des Gewissens ein wie eine Pflanze ohne Wasser; selbst die bedürfnislosen Kakteen können eine Behandlung dieser Art nicht jahrhundertelang überstehen. Der Punkt, der die Versteinerung ermöglichte und auf den sich in der Gewissensbildung, übrigens beider Konfessionen in schöner praktischer Einmütigkeit, alles bezog, ist der Gehorsam gewesen. Jahrhundertelang ist die Vorstellung vom rechten Christen geprägt gewesen von dieser Tugend, die als höchster Wert empfunden wurde und in der man das soziale und religiöse Muster des christlichen Lebens gesehen hat, dem Gehorsam. Schiller konnte auf eine reiche, ungebrochene Tradition zurückgreifen, als er die klassische Sentenz reimte: ‚Mut zeiget auch der Mameluck / Gehorsam ist des Christen Schmuck', Draufgängertum und Unerschrockenheit galten als allgemeine heldische Tugenden – das spezifisch Christliche lag in der freiwilligen Unterordnung unter Gebotenes, im Erfüllen eines Auftrages, im Gehorchen."[3]
Es wirkt erschreckend, wenn D. Sölle im Anschluß an diese Feststellungen den selbstbeschriebenen Erziehungsweg des Auschwitz-Kommandanten Rudolf Höß mit einigen Zitaten aus theologischen Lexika montiert, so wenig man auch aus dieser Methode für die Sachfrage gewinnt: Das Christentum kennt nämlich keinen unbedingten Gehorsam. Seit eh und je galt in der katholischen Moraltheologie der klare Grundsatz: „Die Beugung unter die Autorität darf nur einsichtigem Gewissensgehorsam entspringen. Nie kann daher die Autorität zum Gewissensgehorsam zwingen in etwas, das das Gewissen als böse ansieht. Das Gewissen müßte auch dem höchsten kirchlichen Urteilsspruch widerstehen, wenn es in ihm eine unsittliche Forderung sähe. Im innersten Bereich gehorcht der Mensch Gott allein."[4]
Nun handelt es sich aber in der innerkirchlichen Situation des einzelnen Christen meist nicht um die scharfe Gegenüberstellung von Gut und Böse, sondern um die schwierige Frage des jeweils besten Verhaltens gegenüber einem Problem, das sich in der Wandlung und in der Diskussion befindet. Das gilt nicht nur für die Frage der Geburtenregelung. Das kirchliche Lehramt beschäftigt sich ja faktisch

3 D. Sölle, Phantasie und Gehorsam, Stuttgart 1968, 9.

4 A. Auer, Das Gewissen als Mitte personaler Existenz, in: K. Forster (Hg.), Das Gewissen als freiheitliches Ordnungsprinzip, Würzburg 1962, 37-60, hier: 57.

nicht nur mit der Intimität des ehelichen Zusammenseins, es greift auch z.B. in den Sozialenzykliken bis in kleinste Einzelheiten wirtschaftlicher Funktionen ein, es unterwirft Fragen der Erziehung, der Kultur und der Wissenschaft seinem Urteil, ganz zu schweigen von der juridischen Starrheit in der Formulierung von Glaubens- und Sittenfragen, die mit dem II. Vatikanum endlich wegweisend aufgebrochen wurde.
Der in dieser Situation vom Papst und von den Bischöfen zu „religiösem Gehorsam" aufgeforderte Christ, seien es Priester, Eheleute, Politiker, Künstler oder Wissenschaftler, kann sich schlechterdings nicht davon dispensieren, über eben diesen Gehorsam nachzudenken und über seine Haltung dazu Rechenschaft abzulegen. Ein Beitrag dazu ist nur zu leisten, wenn die geschichtliche Entfaltung der Vorstellung vom religiösen Gehorsam näher untersucht wird. Auf sie wollen wir zunächst eingehen, ehe der Inhalt der aktuellen Lehräußerungen theologisch diskutiert wird.

a. Geschichtliche Bemerkungen zur Entstehung des religiösen Gehorsamsmodells

Das biblische Verständnis des religiösen Gehorsams

Im Alten Testament bedeutet Gehorsam, auf das geoffenbarte Wort hören (schamah) und Antwort geben (anah). Der Gottesgehorsam nimmt als religiöse Haltung eine zentrale Stellung ein. Er ist die immer mehr verinnerlichte Haltung gegenüber Bund und Verheißung, bis Gott den Gehorsamswillen selbst ins Herz schreibt (Jer 31, 31-34; Ez 36, 26; Jes 59, 21). Die Sittlichkeit besteht wesentlich im Gehorsam gegen den Willen Gottes. Daß dieses Verhältnis im AT durchaus als Spannungsverhältnis und nicht etwa als selbstverständliche Frömmigkeitstechnik verstanden wurde, beweisen das Buch Job und einige Theodizee-Psalmen.
Im Neuen Testament findet der Gottesgehorsam in der Person Jesu seine Erfüllung; von da an vollzieht sich jeder Gehorsam in Gemeinschaft mit Christus gegen den Vater. Der Gehorsam im tätigen Vollzug des Glaubens (bei Paulus) oder des Erkennens (bei Johannes) erhält so eine zentrale Stellung in der christlichen Theologie. In der Haltung und in der Aktuierung des Gehorsams fallen Erkennen, Streben und Wollen zusammen. Der Glaubensgehorsam gegenüber

dem göttlichen Heilswerk ist immer zugleich tätiger Vollzug auf Hoffnung hin, den der heilswirkende Gott geschenkt hat und mitgestaltet. Gott, der sich in seinem Sohne zum Subjekt des Gehorsams gemacht hat, hat zugleich in seinem Sohne Anteil daran verliehen (vgl. Phil 2, 6-11). Der Anteil am Gehorsam ist daher dem Christen existential vorgegeben, und als den uns persönlich betreffenden Anspruch Gottes nennen wird ihn in seiner uns innewohnenden Form „Gewissen".

Dieser neutestamentliche „neue Gehorsam", wie ihn J. Moltmann nennt, ist von jedem Formalismus und Legalismus getrennt, vom Formalismus durch seine inhaltliche Bindung an die Erfüllung des Heilswerkes, vom Legalismus durch Jesu Kampf gegen eine legalistische Gesetzesauffassung und durch den paulinischen Freiheitsbegriff. Da der Gehorsam ein mit dem Glauben von Gott geschenktes Existential ist, kann jeder Gehorsam gegenüber menschlichen Autoritäten nur durch den Rekurs auf Gottes Autorität begründet werden, und sofern diese Begründung geschehen kann, ist der Gehorsamsvollzug zugleich Gewissensantwort. „Darum muß man ihr (der Obrigkeit) untertan sein, nicht nur um der Strafe, sondern um des Gewissens willen" (Röm 13, 5). Neutestamentlich sind also Gehorsam und Gewissen nicht zu trennen, der Sache nach sind Gehorsam und Gewissen bei Paulus mit dem Glauben identisch (vgl. Röm 14, 23). Auch kann es keinen Gehorsam ohne Rekurs auf den Inhalt des Gebotenen und auf die Autoritätsberechtigung des Gebietenden geben. Für den Glaubensgehorsam gebraucht Paulus nicht dasselbe Wort (*hypakouein*) wie für den Obrigkeitsgehorsam (*hypothassestai*, Röm 13, 1). Ein christlicher Gehorsamsbegriff sieht daher den Gehorsam mehr als Existential – und das heißt, als von Gott geschenkte und von ihm aktuierte Grundkraft – denn als Willenseinordnung.

Der ursprüngliche christliche Gehorsamsbegriff wird also nicht ganz erfaßt, wenn man ihn mit Lenhardt als „Sicheinfügen des Willens in den gebietenden Willen einer Autorität" oder mit Scholz als „Bereitschaft des Willens, sich den gebietenden Anordnungen der rechtmäßigen Autorität in Gesinnung und Tat anzugleichen" definiert. Der christliche Gehorsamsvollzug kommt vielmehr gerade dem nahe, was man heute als vor Gott verantwortete Gewissensentscheidung betrachtet. Als solcher kann er nie rein formaler Gehorsam sein, vielmehr ist er immer inhaltlich bestimmt durch Gottes Heils- und Weltauftrag. Gehorsam ist Orientierung an der Weltweisung

Gottes im Glauben, explizit in der Schrift oder implizit in der Schöpfung.

Die Weiterentwicklung des religiösen Gehorsams unter verschiedenen, nicht genuin christlichen Einflüssen

Wie kann es von dem tiefen biblischen Gehorsamsbegriff zu jener formalistischen Tugend der Willensunterordnung unter eine Autorität kommen, die in den heutigen theologischen Definitionen als scholastische Lehrmeinung weiterlebt, seitdem Thomas von Aquin den Gehorsam auf ein Naturgesetz der Über- und Unterordnung zurückgeführt hat (vgl. S.th. 2-2 q 104 a1)? Dies ist nur möglich, weil sich dazwischen zumindest drei nicht genuin christliche Einflüsse geschichtlich geltend gemacht haben, die hier nur in Kürze namhaft gemacht werden sollen: erstens das ungeschichtliche und immaterielle Denken des Hellenismus; zweitens die Reduzierung des Gehorsams auf ein aszetisches Verhältnis im Mönchtum; drittens das römische formalistische Autoritätsdenken.

(1) Der erste Einfluß wirkte sich auf die materiale, inhaltliche Seite des Gehorsams aus: er trat hinter dem formalen und personalistischen Ich-Du-Verhältnis von Gott und Mensch, von Befehlendem und Gehorchenden, zurück. Es wurde nicht gefragt, was der Gehorchende zu erfüllen habe und warum, sondern *wie* er den Gehorsam auszuüben habe. Der Gehorsam wird zum Verhältnisbegriff zwischen einer Dualität, seine Sachbezogenheit wird somit verdunkelt. So entsteht ein Naturgesetz der statischen gesellschaftlichen Beziehung. Die griechische Metaphysik ist nicht zukunftsorientiert und vor allem in ihrer neuplatonischen Ausformung, die das Christentum jahrhundertelang integriert hat, relativ weltlos. Als philosophische Denkform vermochte sie einen auf Zukunft und Veränderung hin drängenden Glaubensgehorsam nicht zu fassen. Es ist darum nicht verwunderlich, daß bis zur ideologischen Verfestigung hin ein kontemplatives Gehorsamsverhältnis über eine aktive Gehorsamsverantwortung in der Welt gestellt werden konnte.

(2) Der zweite Einfluß, wachsend vom Abtsideal eines Pachomius bis zur Mönchsregel Benedikts, sah den Gehorsam nicht mehr als Existential jeder christlichen Existenz, sondern als ein Werk der Übergebühr. Er enthob ihn noch mehr der sachlichen, weltbezogenen Fragestellung und machte ihn zur aszetischen Lebensregel, in der es mehr auf die Technik als auf das Worum-willen ankam. „Es ist

eigenartig zu beobachten, wie das Nachdenken über Gehorsam im Verlauf der christlichen Reflexion sich konzentriert auf die Ausführung, auf die Technik, auf die Art des Gehorchens, wie also alle Sachverhalte ausgeklammert werden."[5] Nicht *was* einer im Gehorsam tut, sondern *wie* er es tut, wird entscheidend. Zwar hat Benedikt gewiß weder einen bedingungslosen noch einen rein formalen Gehorsam zur Pflicht gemacht, ebensowenig wie später Ignatius in seinem Brief über den Gehorsam, aber im Mönchsideal wird doch die Gefahr deutlich, daß die Welt „zum Übungsmaterial eines formalen Gehorsams"[6] degradiert wird. Damit soll der vom Mönchtum geförderte Aspekt des Gehorsams nicht herabgesetzt werden; es muß aber deutlich bleiben, daß dieser Aspekt nicht als letzte theologische Erklärung des allgemein vom Christen geforderten Gehorsams dienen kann. Der Gehorsam des Mönchs ist nur *eine* Weise der Verwirklichung des christlichen Existentials und gewiß nicht die allein gültige. Es kann ferner keinen Zweifel darüber geben, daß die Mönchstheologie einen bedeutenden Einfluß auf die Theologie der Spiritualität gehabt hat und sie mit ideologischen Befrachtungen versah.

(3) Der dritte Einfluß, das römische Autoritätsdenken, stufte die göttliche Autorität in juridischen Institutionen ab und machte sie in der kirchlichen Struktur immer greifbarer. So geriet das neutestamentliche „*hypakouein*", das Hinhören auf das Wort – gewiß auch in seinen berufenen Verkündern – immer mehr in die Nähe des „*hypothassestai*", des Sich-Unterordnens in Verstand und Wille. Die Strukturverfestigung einer autoritären Gesellschaft ist hier nicht ohne Wirkung geblieben. Alexander Mitscherlich sieht die Gehorsamsstruktur als Signalisierung eines ungleichen Machtverhältnisses[7], und D. Sölle stellt fest, „daß es kaum eine Stelle gibt, wo sich religiöse und gesellschaftliche Denkmodelle und Bilder so unentwirrbar verquickt und verflochten haben wie im Bereich des Gehorsams"[8].

Bei diesen Einflüssen ist es nicht zu verwundern, daß der Gehorsam schließlich als Naturgesetz der Überordnung und Unterordnung –

5 D. Sölle, aaO. 21; nicht ausgeklammert ist die Sachfrage z.B. in der Mönchsregel Benedikts, vgl. B. Steidle (Hg.), Die Benediktusregel, Beuron 1963, 17.68.

6 AaO. 23.

7 A. Mitscherlich, Auf dem Wege zur vaterlosen Gesellschaft, München 1963, 259.

8 D. Sölle, aaO. 20.

unter Verzicht auf Eigenwillen und Eigendenken, soweit es sich nicht um etwas eklatant Böses handelte – apostrophiert werden konnte, eines Naturgesetzes, dessen Merkmale Autoritätsdenken, Gewissenszwang (statt Gewissensbildung) und aszetische Leistung waren. Dieses Gefüge, in dem der religiöse Gehorsam auch heute oft noch formuliert wird, bildet einen ideologischen Zyklus, aus dem der Mensch sich nicht befreien kann: Beruft er sich gegen diesen Gehorsam auf sein Gewissen, so wird er auf eben diesen Gehorsam als gewissensbildenden Faktor verwiesen. Um so notwendiger ist eine Rückkehr zur ursprünglichen Korrelation von Glaubensgehorsam, Gewissen und christlicher Freiheit. Damit soll einer geschichtlichen Entfaltung nicht ihr Recht genommen werden; dieselbe geschichtliche Entfaltung führt freilich heute ebenso legitim wiederum dazu, den religiösen Gehorsam aus seinen ideologischen Befrachtungen zu lösen.

Ausblick auf ein neues Gehorsamsverständnis

Wenn wir zur Aufforderung der Enzyklika *Humanae Vitae* „zu aufrichtigem Gehorsam, der innerlich und nach außen" zu leisten ist, zurückkehren, so können wir auch hier ein allzu formales Gehorsamsverständnis feststellen, da in der Formulierung des Papstes die Sache hinter den Autoritätsanspruch zurücktritt („weniger wegen der Beweisgründe als wegen des Lichtes des Heiligen Geistes"). Bei dieser vorausgesetzten Haltung ist es nicht erstaunlich, wenn das Lehramt seinen authentischen Autoritätsausgriff auf solche Einzelheiten des christlichen Lebens ausdehnen konnte. Die sachliche Überprüfbarkeit wird auch dadurch erschwert, daß sich der Papst statt auf innerkirchlichen Konsens auf sein Gewissen und sein Amts-Pneuma beruft. Er subjektiviert damit eine objektive Lehrentscheidung und stellt seine Gewissensintensität an die Stelle der praktischen Klugheit. Die Bemerkung eines Journalisten, daß der Papst ebensogut das Brillentragen als Verletzung der Naturordnung hätte apostrophieren können wie das Benützen antikonzeptioneller Mittel, kennzeichnet in ihrer Übertreibung die Bindung des Autoritätsanspruches an die Sachgesetzlichkeit, die heute verlangt wird. Eine Gewissensbildung kann sich nur an dieser Sachgesetzlichkeit orientieren; eine authentische Interpretation dieser Sachgesetzlichkeit, wie sie das Lehramt ausübt, wird ebenfalls im Gewissen am Sachverhalt gemessen. Nur ein Gehorsam, der sich an der Sachgesetzlichkeit des Wortes Gottes in der Schöpfung orientiert, kann gewissensbildend sein. Die formale Weltblindheit eines voluntaristischen Gehorsams läßt als Orientierungspunkt für das Gewissen dieses seine weltnahe und soziale Dimension verlieren; es wird zu einer bloßen aszetischen Übung. Der holländische Theologe W. van der Marck wollte in seiner christlichen Ethik von 1967 den Gewissensbegriff in reine Mitmenschlichkeit gewandelt sehen, um die intersubjektive Verantwortung gegenüber individualistischen Interpretationen aufzuwerten[9]; für den Gehorsamsbegriff wünschte man sich damals in gleicher Weise, daß er seine materiale Füllung von Verantwortung und kritischer Sachbezogenheit erhielte, um so im Hinhören auf und im Dialog mit der rechtmäßigen Autorität die Sachprobleme zu lösen. Gehorsam des Willens und des Verstandes kann sich jedenfalls nicht in reiner Unterordnung des Willens und des Verstandes vollziehen, sondern nur im völligen Einsatz des Willens und des Verstandes als Ausdruck eines Existentials der christlichen Existenz: des Glaubensgehorsams.[10]

b. Der Anspruch des Amtes und die Qualität des einzelnen

Die bisherigen Bemerkungen über den Wandel des Gehorsamsverständnisses sollten die geschichtliche Dimension unserer Fragestellung erhellen und die Frage nach dem konkreten Verhältnis von Anspruch des Amtes und Qualität des einzelnen eigentlich erst eröffnen. Deutlich geworden ist dabei jedenfalls, daß dieses Verhältnis nicht unvermittelt, nicht spannungslos und nicht automatisch sein kann. Zur Antwort auf den Anspruch muß die Autorität des Ansprechenden und der Inhalt des Anspruchs in kritischer Sachbezogenheit in Frage gestellt werden. Wir haben also jeweils nach dreierlei zu fragen: nach der Tragweite des Anspruches der Autorität, nach dem Inhalt ihrer Forderung und nach der Situation des Geforderten.

9 Vgl. W. v.d. Marck, Grundzüge einer christlichen Ethik, Düsseldorf 1967.

10 Vgl. W. Molinski, aaO.; J.M. Diez-Alegria, Ich glaube an die Hoffnung, Wuppertal/München 1975; D. Mieth, Über die Tugend des aufrechten Ganges, in: Biotope der Hoffnung, hg. v. N. Klein u.a., Olten/Freiburg 1988, 155-167.

Die bindende Autorität des nicht-infalliblen Lehramtes nach *Lumen Gentium*

Die Kirchenkonstitution des Vatikanums unterscheidet, soweit die authentische Zuständigkeit der Kirche reicht, zwischen dem infalliblen Lehramt der Kirche, das so weit gilt, „wie die Hinterlage der göttlichen Offenbarung, welche rein bewahrt und getreulich ausgelegt werden muß, es erfordert" (*Lumen Gentium*, n. 25), und dem nicht-infalliblen Lehramt. Das infallible Lehramt der Kirche leitet sich also ganz klar aus der Offenbarung ab und hat in ihr seine innere Grenze. Die Verdeutlichung der Offenbarung in Glaubens- und Sittensachen und die Ablehnung des der Offenbarung Widersprechenden ist daher seine Aufgabe.
Die Aufgabe des nicht-infalliblen Lehramtes der Kirche ist in der dogmatischen Konstitution weniger klar umgrenzt. Deutlich wird jedoch, daß es sich um eine andere Weise der lehramtlichen Verkündigung handelt, deren Grad der Verpflichtung aus der, wie es heißt, „kundgetanen Auffassung und Absicht" entnommen werden muß. Diese ließe sich vornehmlich erkennen aus der Art der Dokumente – etwa Enzykliken, feierliche Allokutionen, Erklärungen der Glaubenskongregation, der Bibelkommission usw. –, der Häufigkeit der Vorlage ein und derselben Lehre und der Sprechweise (*Lumen Gentium*, n. 25). Im Blick auf die Enzyklika *Humanae Vitae* wird man mit den Bischöfen feststellen müssen, daß es sich dabei um eine Äußerung des zwar authentischen, aber nicht infalliblen Lehramtes handelt, deren Verpflichtungsgrad aus der Zuständigkeit des Lehramtes und aus der Art der Lehre selbst zu erschließen ist. Wir kommen damit in den schwierigen Bereich der Auslegung des natürlichen Sittengesetzes durch das ordentliche Lehramt der Kirche, und indem wir unser Thema darauf eingrenzen, kann im folgenden nur noch von der Autorität des nicht-infalliblen Lehramtes die Rede sein.
Papst Paul VI. hat den Anspruch des Lehramtes auf die Auslegung des natürlichen Sittengesetzes selbst in seiner Enzyklika formuliert: „Kein gläubiger Christ wird bestreiten, daß die Auslegung des natürlichen Sittengesetzes zur Aufgabe des kirchlichen Lehramtes gehört. Denn zweifellos hat – wie Unsere Vorgänger wiederholt ausgesprochen haben – Christus Jesus, als er dem Petrus und den übrigen Aposteln an seiner göttlichen Gewalt Anteil gab und sie aussandte, alle Völker zu lehren, was er uns geboten hat, sie zu zuver-

lässigen Wächtern und Auslegern des ganzen Sittengesetzes bestellt, das heißt nicht nur des evangelischen, sondern auch des natürlichen Sittengesetzes. Denn auch das natürliche Sittengesetz bringt den Willen Gottes zum Ausdruck, und dessen treue Befolgung ist ja allen Menschen zum ewigen Heil notwendig" (n.4). Schärfer noch hat Pius XII. in einer Ansprache 1954 formuliert: „Der kirchlichen Zuständigkeit unterliegt der ganze Umfang des Naturgesetzes, dessen Festlegung (!), Ausdeutung, Anwendung, soweit deren sittlicher Charakter in Betracht kommt."[11] Hier ist sogar von „Festlegung" die Rede, während Paul VI. sagt: „Die Kirche ist weder die Urheberin (des natürlichen noch des evangelischen Gesetzes) und kann infolgedessen nicht darüber entscheiden; sie bewahrt das Gesetz lediglich und legt es aus ..." (n.18).
Damit ist nicht behauptet, daß die Kirche *allein* das natürliche Sittengesetz erkennt, bewahrt und auslegt. Sie ist nur zu seiner klareren Erkenntnis und Verdeutlichung befähigt, insofern sie die von der Offenbarung her geschützte Menschlichkeit zu wahren hat. Da nun aber jeder Mensch, auch der Nicht-Christ, zur Erkenntnis des Sittengesetzes fähig ist und da die Formulierung dieses Sittengesetzes durchaus der geschichtlichen Veränderung unterworfen ist, wie die Moraltheologie zuletzt klar erkannt hat, stellt sich die entscheidende Frage, wieweit die Authentizität des Lehramtes einerseits in der Auffindung und andererseits in der Formulierung des natürlichen Sittengesetzes überhaupt reicht. In dieser Frage lag 1968 der Schwerpunkt der moraltheologischen Diskussion über die Enzyklika, und sie soll uns auch hier kurz beschäftigen, ohne daß freilich die ganze komplexe Thematik aufgerollt werden kann.

c. *Die Wahrung des Humanum (Naturrecht) durch die kirchliche Lehre und die Eigenständigkeit der Weltwahrheit*

Mit der Pastoralkonstitution *Die Kirche in der Welt von heute* hat sich ein neues Verständnis des Verhältnisses von Kirche und Welt weitgehend durchgesetzt. Es gibt eine relative Autonomie der innerweltlichen Sachbereiche, der die Kirche Rechnung zu tragen hat. Sie darf sie nicht vorschnell überspielen, vielmehr muß sie selbst auf die innerweltliche Sachgesetzlichkeit hinhören und im Dialog mit ihr

11 Orbis Catholicorum 8 (1954/55), 125.

zur Wahrheitsfindung gelangen. Wenn man das dritte und vierte Kapitel der Pastoralkonstitution aufmerksam betrachtet, so muß man dreierlei festhalten:

(1) Die Dualität der Wahrheit als Wahrheit des Heils und Wahrheit der Welt. Die Wahrheit des Heils erkennen wir aus der Schrift; die Wahrheit der Welt erkennen wir aus der inneren Rationalität der Schöpfung. In beidem hat sich Gott durch das Wort ausgesprochen. Darin besteht die innere Einheit dieser Dualität. In der Wahrheit der Welt gründen nun alle natürlichen Gesetzmäßigkeiten, auch das Sittengesetz, soweit es nicht biblisches Heilsethos ist. Der Prozeß der Säkularisierung des Sittlichen, den man seit Jahrhunderten in unserer Gesellschaft beobachten kann, ist darum ein Prozeß von theologischer Relevanz. Gott hat in der Ordnung der Schöpfung auch die Auffindung des natürlichen Sittengesetzes in eine relative Autonomie freigesetzt. Gewiß erstreckt sich der Herrschaftsanspruch Christi auch auf alle innerweltlichen Bereiche. Er hat diese innerweltlichen Bereiche jedoch nicht der Kirche in die Gewalt gegeben, sondern in originärer Weise der weltlichen Ordnung selbst.

Aus dieser Erkenntnis ergab sich nach dem Konzil eine Infragestellung der bisherigen Praxis des kirchlichen Amtes und der Moraltheologie. Wenn Kirche und Theologie in originärer Weise das Wort des Heils auszulegen haben, dann ist ihre Kompetenz in Fragen der Naturgesetzlichkeit doch darauf eingeschränkt, einen Widerspruch zum Wort der Offenbarung zu verhindern und die in der Schrift gesicherte Menschlichkeit zu wahren. Es kann nicht angehen, dem Lehramt einerseits die kompetente Auslegung des sogenannten Naturrechts zuzubilligen und andererseits auf die theologische Autorität zu rekurrieren, wenn sich naturrechtliche Deduktionen, wie etwa in der Frage der Geburtenregelung, für die Vernunft nicht als zwingend erweisen. Gerade in der Frage der Geburtenregelung kann nicht mit theologischen Argumenten und daher auch nicht mit theologischer Autorität entschieden werden, wie wir noch sehen werden.

(2) Die Wahrheitsfindung durch den Dialog von Kirche und Welt. Paul VI. sagte in *Ecclesiam suam*: „Im Dialog entdeckt man, wie verschieden die Wege sind, die zum Licht des Glaubens führen, und wie es möglich ist, sie alle auf das gleiche Ziel hinzulenken. Auch wenn sie voneinander abweichen, können sie doch zur gegenseitigen Ergänzung beitragen, unsere Forschungen vertiefen und unsere Sprechweise verbessern. Die Dialektik dieses Denkens und dieser

Geduld läßt uns auch in den Meinungen der anderen Wahrheitselemente entdecken." Diese Haltung des Dialogs ist es auch, die den Weg zur Wahrheitsfindung im natürlichen Sittengesetz begleiten muß. Die heutige Moraltheologie hat diesen Weg eingeschlagen, und daraus ergeben sich ganz bestimmte Folgerungen für das Selbstverständnis der kirchlichen Lehre, sei sie mit Autorität im kirchlichen Lehramt oder in der theologischen Wissenschaft formuliert.

(3) Die Aufgabe des Lehramtes und der Theologie in der Wahrung des Humanum in der Welt. Nach den Überlegungen von J. David ist zu fragen, wieso die Eigengesetzlichkeit der innerweltlichen Sachbereiche als echte und vom Konzil anerkannte Autonomie „nicht auch von der natürlichen Wissenschaft vom natürlichen Sittengesetz gelten sollte. Die Kirche hat hier wohl das Recht (und die Pflicht), die Beachtung des natürlichen Sittengesetzes mit Nachdruck zu fordern. Es stehen ihr aber keine *theologischen* Mittel zur Verfügung, den Inhalt dieses natürlichen Sittengesetzes im einzelnen zu bestimmen – es sei denn in der ... eher negativen Weise ... der Prüfung auf Übereinstimmung mit dem Inhalt der Offenbarung."[12] Die Sittlichkeit kann nicht von der Kirche durch ihr Offenbarungswissen schöpferisch hervorgebracht werden. Ohne der Kirche und der theologischen Vermittlung das Recht zur Mitsprache zu bestreiten, muß daher gesagt werden, daß es nicht Aufgabe der Kirche sein kann, „der Welt konkrete sittliche, kulturelle oder soziale Daseinsentwürfe zu vermitteln" (A. Auer). Vielmehr ist es Aufgabe des Lehramtes und der theologischen Forschung, die immanent und säkular entwickelten sittlichen Konzeptionen einer kritischen Prüfung zu unterziehen, ob sie dem Menschenbild der Offenbarung standhalten. Das gilt etwa gegenüber utopistischen oder pessimistischen Daseinsentwürfen. Es ist ferner Aufgabe des Lehramtes, den immanenten Entwürfen, die Forschung und Praxis liefern, zu einer ganzheitlichen Sicht zu verhelfen, indem es sie auf den Glauben hinordnet. Es ist schließlich Aufgabe des Lehramtes und der Theologie, sich als Stimulans der menschlichen und damit auch der sittlichen Entwicklung zu erweisen.[13]

12 J. David, Das Naturrecht in Krise und Läuterung, Köln 1967, 64f.

13 Vgl. A. Auer, Autonome Moral und christlicher Glaube, Düsseldorf ^{2}1984, 160-197; ders., Von einem monologischen zu einem dialogischen Verständnis des kirchlichen Lehramtes, in: ders. (Hg.), Die Autorität der Kirche in Fragen der Moral, München/Zürich 1984, 90-121.

Es ist klar geworden, daß der Anspruch der Gehorsam fordernden Autorität an der Aufgabe dieser Autorität seine klare Grenze findet. Dies gilt auch für den Papst, der selbst in der „nota explicativa praevia" der dogmatischen Konstitution des II. Vatikanums, eine die Vollmacht des Papstes zur alleinigen Ausübung seiner Amtsvollmacht sichernde Anfügung – und um eine solche oberhirtliche Ausübung handelte es sich bei der Enzyklika –, durch seine Aufgabe („suo munere") begrenzt wird. Es ist also durchaus möglich, dem authentischen nicht-infalliblen Lehramt in kritischer Freiheit gegenüberzustehen. Unsere Bemerkungen über den religiösen Gehorsam versuchten zu klären, daß eben dieser Gehorsam sowohl Glaubens- als auch Gewissensäußerung ist und als sachbezogener Gehorsam das eigene Urteil miteinschließt.
Dieser Entwicklung gegenüber müssen wir unsere Kirchenfrömmigkeit überdenken. Sie kann nicht darin bestehen, an einem bestimmten Punkt das Urteil des Verstandes und die Äußerung des Willens zu unterdrücken. Sie kann auch nicht nur Übung in der Demut, sie muß auch Übung in der Wahrhaftigkeit sein.[14] Die Verbundenheit mit der Kirche umschließt uns selbst mit unserer Verantwortung; sie unterwirft uns nicht einer heteronomen Verantwortung. Der Gehorsam, der vom mündigen Christen verlangt wird, heißt Verantwortung in dem vom Glauben geformten Gewissen. Schließlich gibt es, wie Alois Müller bemerkt hat, „außer der Grenze der Unfehlbarkeit keine gleich allgemeine Regel zur Beurteilung der Wahrheitsgewißheit kirchlicher Amtsakte". „Vielleicht aber ist es erlaubt", so fährt Müller fort, „auf eine andere Beurteilungsmöglichkeit aufmerksam zu machen, auf die zwar gerade hier wenig Gewicht gelegt wird. Der Mahnung zum Glauben an den Beistand des Heiligen Geistes begegnet man vorzugsweise im Falle ‚unverständlicher' Entscheidungen (so etwa in Humanae Vitae: nicht so sehr wegen der beigebrachten Beweisgründe, als wegen des Lichtes des Heiligen Geistes). Nun stimmt es zwar, daß Gottes Gerichte unerforschlich sind und sich das auch spiegelt in seiner positiven Leitung der Kirche. Es darf uns aber eine andere Wahrheit nicht vergessen lassen, daß sich Gottes Wirken auch vornehmlich durch seine erkennbare Weisheit kundtut ... Daraus läßt sich schließen, daß der Beistand des Heiligen

14 Vgl. H. Küng, Wahrhaftigkeit. Zur Zukunft der Kirche, Freiburg i.Br. 1968.

Geistes in Akten des kirchlichen Amtes vornehmlich auch erkennbar ist an der offenbaren Weisheit dieser Akte."[15]
„Sentire cum Ecclesia" ist jedenfalls kein passiver Akt des Christen, sondern die mündige Bereitschaft, „das Tiefste und Beste der Kirche (zu) erspüren und so gesinnt (zu) sein"[16]. Das Lehramt bedarf daher außerhalb seiner infalliblen Grenze geradezu eines Widerstandes im Glaubensgehorsam, der als solcher selbst zur Entstehung und Entfaltung der Lehre beiträgt. Mit Recht stellt daher J.B. Metz die Frage „nach der Institutionalisierung der kritischen Freiheit" in der Kirche. Da die Kirche selbst eine Aufgabe als „Institution einer gesellschaftskritischen Freiheit" habe, bedürfe sie einer „innerkirchlichen kritischen Öffentlichkeit". Metz sagt: „Mag die konkrete geschichtliche und soziale Basis für das Entstehen einer solchen kritischen Öffentlichkeit in der Kirche im einzelnen auch sehr schwer und keineswegs monokausal zu bestimmen sein, so liegt die *theologische Basis* im letzten offensichtlich in der, in der christlichen Hoffnung bewußt angenommenen, Differenz zwischen der institutionellen Kirche und dem von ihr verkündeten eschatologischen Reich Gottes. Wo diese Differenz bzw. dieser Abstand offen gehalten wird, wo also die Kirche selbst in ihrer eigenen endzeitlichen Vor-läufigkeit bewußt wahrgenommen wird, ist immer neu ein kritischer Ansatz zur Überfragung und Sprengung all jener Tendenzen gegeben, denen die Kirche in ihrem institutionellen Charakter ausgesetzt ist."[17]
Ich glaube, daß wir mit diesen Ausführungen über den Gehorsam zu einer Umschreibung dessen gelangt sind, was allgemein als Gewissen definiert wird. Wenn man nur von einer Gewissensdefinition ausgeht, besteht zu leicht die Gefahr, daß man das eigentlich theologische Fundament aus dem Auge verliert, das in der Korrelation von Glaube, Gehorsam und Gewissen besteht. Echte Gewissensbildung des Christen kann jedenfalls nur am Glaubensgehorsam geschehen, den wir in seiner ganzen christlichen Offenheit und kritischen Freiheit zu erläutern versuchen.
Am Anfang dieses Abschnittes, nach den Bemerkungen über den christlichen Gehorsamsbegriff, haben wir gesagt, daß das Verhältnis

15 A. Müller, Das Problem von Befehl und Gehorsam im Leben der Kirche, Einsiedeln 1964, 118.

16 AaO. 195.

17 J.B. Metz, Zur Theologie der Welt, Mainz 1968, 123.125f.

von Anspruch des Amtes und Qualität des einzelnen nicht unvermittelt, nicht spannungslos und nicht automatisch sein könne, daß die Antwort auf den Anspruch die Autorität des Ansprechenden und den Inhalt des Anspruches in kritischer Sachbezogenheit in Frage stellen müsse und daß daher nach dreierlei zu fragen sei: nach der Tragweite des Anspruches der Autorität, nach dem Inhalt ihrer Forderung und nach der Situation des Geforderten selbst. Aus unseren Überlegungen ergibt sich nun, daß die Eigenständigkeit der Weltwahrheit sowohl die Tragweite des Anspruches als auch den Inhalt der Forderung der authentischen Lehrautorität mitbestimmen muß; dadurch ist auch der Situation des Geforderten Rechnung getragen, da er in seiner Glaubens- und Weltsituation die Forderung kritisch mitverantwortet. Um diese Betrachtung weiterhin zu konkretisieren, soll nun abschließend ein Blick auf die Stellungnahme Pauls VI. zur Geburtenregelung geworfen werden und auf das konkrete Verhalten des Christen, das in der durch sie geschaffenen Situation gefordert ist.

d. Gehorsam und Gewissen gegenüber der Enzyklika „Humanae Vitae"

Die Entwicklung der theologischen Ethik in der Stellungnahme zur Geburtenregelung

Die Enzyklika *Humanae Vitae* Papst Pauls VI. ist sofort in eine heftige innerkirchliche Auseinandersetzung geraten, die niemanden erstaunen konnte, dem die Entwicklung der innerkatholischen Diskussion über die Geburtenregelung im letzten Jahrzehnt vertraut war. Es ist eine allgemein bekannte Tatsache, daß die katholische Moraltheologie in der überwältigenden Mehrzahl ihrer Vertreter und in Gemeinsamkeit mit katholischen Wissenschaftlern und Eheleuten in der Frage der Geburtenregelung einen anderen Kontext formuliert und einen anderen Weg eingeschlagen hat, als ihn die Enyzklika fortsetzt. Der Kontext ist im wesentlichen derselbe, der soeben in der Frage der Wahrung des Humanum durch die kirchliche Lehre und der Eigenständigkeit der Weltwahrheit behandelt wurde. Aus diesem Kontext kam die Moraltheologie schon vor dem Konzil und erst recht aufgrund der grundsätzlichen Bestätigung durch die Pastoralkonstitution zu folgenden Ergebnissen hinsichtlich der ehelichen Sittlichkeit, die auch dem Papst als Gutachten seiner eigenen Kommission vorlagen:

(1) Der Naturbegriff wurde weiter durchdacht und aus seiner physiologischen Einengung gelöst; demnach war nicht mehr die statische animalische Natur der Maßstab der ehelichen Liebesbeziehung, sondern die ganze Personalität in ihrer Hinordnung auf den anderen Menschen. Ferner wurde der Naturbegriff aus seiner metaphysischen Einengung gelöst und in der Dimension seiner geschichtlichen Veränderlichkeit gesehen. Schließlich wurde der Naturbegriff aus seiner individualistischen Einengung (mit Blick auf die Einzelehe) gelöst und der Blick auf die soziale Dimension, auf die Lage der Menschheit erweitert.

(2) Daraus ergab sich ein neues Durchdenken des Verhältnisses von Liebe und Fruchtbarkeit in der Ehe. Die Fruchtbarkeit wurde als Zeugnis der Liebe auf die Gesamtheit der Ehe hingeordnet, nicht physiologisch auf jeden einzelnen Akt.

(3) Für die verantwortete Geburtenregelung folgte daraus, daß nicht jeder Eingriff in die physiologisch-biologischen Strukturen „in sich schlecht" sein kann, da dem Menschen seine eigene Natur zur Gestaltung und Vervollkommnung aufgegeben ist. Eine Grenze der ehelichen Selbstverantwortung in der Geburtenregelung konnte demnach nur einerseits zum Schutze aufkeimenden Lebens (gegen die Abtreibung) und zum Schutze des ehelichen Sinnwertes der Fruchtbarkeit (gegen die Sterilisation) gezogen werden. Die Wahl der Mittel wurde jedoch an die gegenseitige Liebe und Achtung, an die erwiesene Wirksamkeit und Schadensfreiheit sowie an die Verfügbarkeit gebunden.

Bei dieser Entwicklung der theologischen Ethik in Korrespondenz zu anderen Wissenschaften und wohl auch zur ehelichen Praxis war die Reaktion auf ein Dokument des authentischen Lehramtes zumindest verständlich, das retrospektiv an früheren amtlichen Urteilen festhielt. In der Sammlung „Erstes Echo auf Humanae Vitae" finden sich jedenfalls kaum zwei der Enzyklika im wesentlichen zustimmende Äußerungen[18], und auch die katholischen Bischöfe Hollands, Deutschlands und Österreichs lassen zumindest die Möglichkeit einer Abweichung von der Normierung der Enzyklika im Gewissen zu.

Um so notwendiger ist es in dieser Situation, die Enzyklika selbst zu

18 Vgl. Anm. 2.

lesen und ihre Argumente zu prüfen. Wir wollen hier nun nach der Antwort eines sachbezogenen Glaubensgehorsams fragen, indem wir zunächst die Argumente der Enzyklika prüfen und dann auf die angebotenen Auswege eingehen.

Analyse der Argumente der Enzyklika

Es sei voraus bemerkt, daß die Enzyklika in ihrer Lehre von den Sinnwerten der Ehe – Liebe und Fruchtbarkeit – sich in den von der Pastoralkonstitution gesteckten Bahnen bewegt und eine neue Theologie der Liebe verkündet. Anders ist dies jedoch in folgenden vier Punkten:

(1) *Das Verständnis des ehelichen Aktes.* Die Verbindung der beiden Sinnwerte Liebe und Fruchtbarkeit im Gesamtsinn der Ehe wird auf jeden einzelnen ehelichen Akt bezogen (n.12), so daß jeder einzelne eheliche Akt „per se" auf die Fortpflanzung des menschlichen Lebens ausgerichtet sein müsse (n.11). Daraus ergibt sich die Ablehnung aller empfängnisverhütenden Methoden bis auf die völlige und die periodische Enthaltsamkeit. Dieses Prinzip der Zusammengehörigkeit von Liebe und Fruchtbarkeit im ehelichen Akt wird freilich nicht konsequent durchgeführt. Die an sich unfruchtbaren ehelichen Akte – und dies sind wohl die meisten – werden als Zeichen der ehelichen Liebe anerkannt (n.11), und in der Zeitwahl wird auch die Intention der Trennung von Liebe und Zeugung gestattet (n.16).

(2) *Der Schutz der biologischen Gesetzmäßigkeit.* Die Enzyklika versteht das Naturgesetz als eine in den Zeugungskräften des Menschen ruhende biologische Gesetzmäßigkeit. Das Naturgesetz als moralische Ordnung wird identifiziert mit biologischen Gesetzen in den Zeugungskräften des Menschen, die als solche Ausdruck des Schöpferwillens seien. Die genitalen Kräfte sind somit unantastbar. Demgegenüber ist zu bedenken, daß Gott nur physiologische Gesetzmäßigkeiten in die genitalen Kräfte geschrieben hat; das Sittengesetz und damit die moralische Verantwortung aber hat er in das Herz des Menschen eingeschrieben (vgl. Jer 31, 31). Aus einer physiologischen Gegebenheit läßt sich kaum eine Grenze anthropologischer Verfügungsgewalt ableiten, die ja ebenfalls von Gott geschenkt ist. Die gesamtmenschliche Sicht der Ehe, die die Enzyklika ansonsten vertritt, ist deshalb nicht auf ihre Konsequenz gebracht, und daher ist auch die gesamte Lebenssituation der Eheleute „nicht

wirklich einbezogen" beim Festlegen der sittlichen Normen für eine menschenwürdige Geburtenregelung. Daran ändern auch die soziologischen Argumente nichts, die der Papst warnend gebraucht: Gefahr der Untreue, der Promiskuität, des Mißbrauchs durch Regierungen; denn diese Gefahren stehen in keinem direkten Zusammenhang mit der Frage der elterlichen Verantwortung für die Geburtenregelung. Der Gefahr des Mißbrauchs kann aus der allgemeinen Sinngebung der Ehe gewehrt werden, und im übrigen gilt hier der theologische Grundsatz, daß Angst vor möglichem Mißbrauch niemals den guten Gebrauch unmöglich machen darf.
(3) *Die Unwandelbarkeit der kirchlichen Lehre*: „Ecclesia sibi suaque doctrina constat" (n.16). Gewiß hält die Enzyklika in der Frage der Geburtenregelung an der Lehre Pius' XI. und Pius' XII. fest; andererseits ist sie selbst jedoch ein Signum der Geschichtlichkeit und damit der Veränderung der kirchlichen Ehelehre, da sie mit der Pastoralkonstitution die Lehre von der Rangordnung der Ehezwecke nicht mehr urgiert. Deshalb ist nur schwer verständlich, weshalb sie nicht auch in der Frage der Geburtenregelung dem Impetus dieser neuen Ehelehre folgt[19]. Dadurch gerät sie in Widerspruch zur Pastoralkonstitution, indem sie, statt an die Verantwortung, mehr an den aszetischen Heroismus (vgl. n.21) der Eheleute appelliert, der eben in dieser Frage doch gerade durch den besonderen Wert des ehelichen Vollzugs in Frage gestellt ist. Mit solchem aszetischen Heroismus läßt sich die Geburtenregelung gewiß nicht vollgültig erfüllen, da es Situationen gibt, in denen sich die eheliche Liebe ihren Ausdruck suchen und ebenfalls die Konsequenzen verantworten muß.
(4) *Der Hinweis auf die Erleuchtung des Heiligen Geistes* (n.28). Damit wird die ganze Frage der Zuständigkeit des Lehramtes in Fragen der innerweltlichen Sachgesetzlichkeit in ihrer Schärfe gestellt. Der Papst selbst und seine Kritiker: sie gebrauchen in der Frage der Geburtenregelung keine genuin theologischen Argumente[20] (vgl. da-

19 Vgl. unten 6. Kapitel, 1.

20 Dieses Defizit versuchte Papst Johannes Paul II. aufzuarbeiten, vgl. Die Erlösung des Leibes und die Sakramentalität der Ehe, Katechesen 1981-1984, Schönstatt 1985. Dort wird auch der Ausdruck „natürlich" rein ethisch, d.h. als anderer Ausdruck für „ethisch richtig" verstanden. Vor allem die Enthaltsamkeit wird als leibliches Zeichen der Auferstehungserwartung interpretiert. Ferner wird die theologische Schöpfungsanthropologie im Sinne einer personalen Einheit von Liebe und Zeugung verstanden. Das Problem des theologischen Argumentes liegt freilich darin, daß es gerade diese Fragen nicht endgültig entscheiden kann, weil es auch in andere Richtungen deutbar ist.

gegen Johannes Paul II.). Das ist auch gar nicht möglich. Um so mehr ist zu fragen, wieso die Beweiskraft oder gar über die Beweiskraft der Argumente hinaus die Erleuchtung des Heiligen Geistes die Autorität für eine Ablehnung empfängnisverhütender Mittel geben soll, da das Wirken des Heiligen Geistes nur in der Offenbarung oder zumindest in der Rationalität der Schöpfungsordnung, d.h. in Argumenten, erkannt werden kann.

Auswege und Ausflüchte zur Vermeidung einer Enzyklikakritik und zur Erleichterung der Lage der katholischen Eheleute

Niemand hat klarer erkannt als der Papst und die Bischöfe, in welch schwierige Lage die katholischen Eheleute durch die Normierungen der Enzyklika gebracht wurden. Nun gibt es einige Versuche, unter grundsätzlicher Anerkennung der Ehelehre der Enzyklika und zur Steuerung der durch sie entfachten Diskussion Auswege anzubieten, die meines Erachtens Ausflüchte sind und keine echte Antwort auf den lehramtlichen Anspruch.

(1) Die Lehre der Enzyklika von den Sinnwerten der Ehe wird aufgewertet unter Vernachlässigung ihrer mangelnden Konsistenz im Kontext der Normierung der Geburtenregelung.

(2) Der juridische Ausweg: Dabei wird die Enzyklika wie ein juristisches Dokument genommen, über dessen Substanz es keine Diskussion gibt, das aber eine „Gesetzesinterpretation" zuläßt, wobei dann die Zulässigkeit antikonzeptioneller Mittel zu therapeutischen Zwecken einer besonderen Auslegung unterzogen wird. Da der Papst nämlich therapeutische Mittel gestattet, bei denen die Empfängnisverhütung nicht intendiert, sondern in Kauf genommen wird, argumentiert man mit der Unregelmäßigkeit des Monatszyklus der Frau, die den Gebrauch der regulierenden „Pille" gestatte. Nun ist aber diese Unregelmäßigkeit gewiß keine Krankheit, nicht einmal ungewöhnlich, so daß man sich fragt, ob etwa hier eine doppelte Moral in Kauf genommen werden soll.

(3) Der pastorale Ausweg: Dabei wird auf die mögliche anderslautende Gewissensentscheidung hingewiesen und gelegentlich auch auf das „silentium obsequiosum", also auf eine stillschweigende private Abweichung ohne öffentliche Kritik (nach D 1350). Nach einigen Verlautbarungen klingt dieser Hinweis jedoch zweischneidig:

wenn nämlich zugleich auf den „Gehorsam des Willens und des Verstandes“ als gewissensbildenden Faktor hingewiesen wird, kann es sich doch wohl nur um ein „irriges Gewissen“ handeln, das da respektiert wird.

Die Antwort des sachbezogenen Glaubensgehorsams

(1) Es ist keine Frage, daß der Glaubensgehorsam gegenüber der Äußerung des kirchlichen Lehramtes zunächst einmal zu einer sachgerechten und möglichst vielseitigen Information aufgerufen ist. Nach dieser Information, Meinungs- und Willensbildung kann er sich der Verlautbarung gegenüber akzeptierend oder ablehnend verhalten.

(2) Im Falle der ablehnenden Haltung sollte ihn die Autorität des Lehramtes zu einer abermaligen Überprüfung seiner Überzeugung anhand der Enzyklika führen, da das Wort des authentischen Lehramtes, wenn auch nicht unter allen Umständen und in jedem Fall akzeptiert, so doch respektiert werden sollte.

(3) Hält er trotz dieser Überprüfung an seiner gewonnenen, die Normierung ablehnenden Haltung fest, so zwingt ihn gerade sein Glaubensgehorsam dazu, diese Überzeugung zu verwirklichen und auch zu vertreten. Denn „alles, was nicht aus Überzeugung geschieht, ist Sünde“, sagt Paulus, und er gebraucht dabei den Ausdruck „ek pisteos“, also „aus Glauben“ (Röm 14, 23).
Gehorsam und Gewissen begegnen sich im Glauben als einem von Gott geschenkten und mitgewirkten Existential der christlichen Existenz. So leistet auch der widersprechende Glaubensgehorsam seinen Beitrag zur Entfaltung der Kirche und eröffnet damit jenen Ausblick auf die Zukunft der Kirche, den Alois Müller in seinem bereits zitierten Buch über „Das Problem von Befehl und Gehorsam im Leben der Kirche“ so formuliert hat: „Indem Befehl in der Kirche um der Liebe und des Gottesreiches willen noch besserer Befehl, Gehorsam aus denselben Gründen noch besserer Gehorsam wird, nähern sich die beiden Pole einander an zur Einheit des Leibes Christi, der als ganzer nur ein Haupt hat: den Herrn.“[21]

21 A. Müller, aaO. 199.

2. Gewissen – Verantwortung. Eine Basisinformation

a. Wann brauchen wir ein Gewissen?

Obwohl das Wort „Gewissen" in Gesellschaft und Kirche inflationär gebraucht wird, gehört es zu den Worten, über die man am wenigsten nachdenkt. Für die einen ist das Gewissen nichts anderen als das persönliche Interesse – sie brauchen also das Wort Gewissen nur, um ihrem Interesse Gewicht zu geben. Für die anderen ist das Wort Gewissen nur ein anderes Wort für Gehorsam – sie brauchen das Wort Gewissen nur, wenn sie den Gehorsam loben und den Widerspruch tadeln wollen. In Wirklichkeit kommen beide Typen ganz gut ohne Gewissen aus. Wir sollten also vorsichtig sein, wenn vom Gewissen die Rede ist. Politiker reden vielleicht vom Gewissen und denken an Strategie – die Moral als Waffe im Kampf um die Macht. Kirchliche Obere machen vielleicht ihr Gewissen geltend, wenn sie etwas vorschreiben wollen. Viele von uns machen ihr Gewissen geltend, wenn sie sich auf ihre Vorurteile zurückziehen.

Dazu ist zu sagen: das Gewissen macht man nicht geltend, wenn es einem in den Kram paßt. Das Gewissen macht sich selber geltend, oft wenn es uns gar nicht in den Kram paßt. Was das Gewissen ist, ist uns nicht im letzten verfügbar. Wir wissen, daß es ein Gewissen gibt, aus der Erfahrung seiner Widerfahrnis. Diese Erfahrung hört nicht auf. Daraus lernen wir, daß das Gewissen im Werden ist, einen Prozeß darstellt, der uns zugleich vorgegeben und aufgegeben ist. Das ist ähnlich in den Maximen unserer Moral wie in den Bekenntnissen unseres Glaubens. Der bekannte Sozialphilosoph Jürgen Habermas sagt ganz ähnlich: „Moralisch gut ist, wer unter Streßsituationen seine moralischen Maximen aufrechterhalten kann." Maximen sind letzte Grundsätze der Vernunft und des Glaubens in Sachen der sittlichen Richtigkeit. Sie sind, um eine von Alfons Auer sprachlich präzis gefaßte Unterscheidung zu gebrauchen, „personal angeeignete" im Gegensatz zu „sozial auferlegter" Sittlichkeit. Wir stellen uns damit vor den Anspruch unserer eigenen Personwürde. Ein sozial gesteuertes Regelgewissen oder ein Über-Ich zerstören das Gewissen, sie bauen es nicht auf. Ebensowenig tut dies die aus Interesse und Neigung stammende Willkür.

Gewissensfreiheit steht in unserer Verfassung, die letzte Verbindlichkeit des Gewissens gehört zur großen Tradition der christlichen

Ethik. Aber was heißt das und wann wird das konkret? Wenn das Gewissen weder Gehorsam ist noch Willkür, dann kommt ihm „Verantwortung" am nächsten, denn in ihr sind Aufmerksamkeit und Gehorsam, Freiheit und Pflicht in einer guten Synthese zusammengefaßt. Syn-eidesis, con-scientia, Ge-wissen – die Vorsilbe steht im Griechischen, Lateinischen und im Deutschen für dieses „zusammen".

Wir brauchen „Gewissen" mindestens in dreifacher Hinsicht. Erstens – und das ist eher selten – in der Extremsituation. Wer sittlich richtig handelt, obwohl er Angst hat (um sein Leben, um seinen Ruf, um seinen Besitz), obwohl er sich selbst dabei riskiert, der wird mit seinem Gewissen, als Ruf „zur Sorge um das eigene Selbst" (Heidegger), zu moralischer Selbstachtung und Hingabefähigkeit, konfrontiert. Niemand kann ihm diesen Ruf und diese Antwort, also die „Verantwortung", abnehmen.

Zweitens brauchen wir Gewissen als letztes praktisches Urteil. Obwohl uns die von uns selbst frei anerkannten Normen, manchmal auch die uns problematisch erscheinenden Normen, Orientierung geben und obwohl wir unser Gewissen im Alltag meist fraglos danach ausrichten, muß uns doch klar sein: Normen gelten ebensowenig wie die grammatischen Regeln in der Sprache für alle möglichen und denkbaren Fälle. Das Gewissen übernimmt hier die letzte Diagnose und die Anwendung des moralischen Formates der Person, ihrer sittlichen Vernunft, auf das einzelne Tun. Manchmal müssen wir auch ein Gesetz im Sinne der größeren Gerechtigkeit interpretieren, die es nur unzulänglich zum Ausdruck bringt.

Drittens brauchen wir das Gewissen als Bedingung der richtigen sozialen Institution, sei es als Gemeinschaft („communio") oder Gesellschaft („societas"). Das ist vielleicht die große humanistische Erkenntnis der letzten Jahrhunderte, der Aufklärung („Mündigkeit") und der politischen Demokratie („Befreiung"). Ohne Respekt vor dem Gewissen – im Sinne der letzten, keinem Gemeinwohl unterzuordnenden personalen Verantwortung – muß jede Gemeinschaft oder Gesellschaft zu einem gefräßigen totalitären System verkommen, das seine Untertanen mit äußerem Druck und innerer Qual (oder Lust!) anpassungsfähig und verfügbar macht. In der Religionsfreiheit, im Minderheitenschutz, ja auch im zivilen Ungehorsam wird die Personwürde im Gewissen und seiner Verantwortung zu einer konstruktiven sozialen Institution.

Dieser öffentlich-strukturellen Gewissensfunktion kann sich kein Sy-

stem entziehen, das sich am Kriterium der christlichen Sozialethik ausrichtet: Die Würde der Person gilt vor dem Recht der Strukturen. Auch die Kirche kann sich diesem Anspruch, den sie selbst erhebt, nicht entziehen, theologisch schon deshalb nicht, weil sie den Zusammenhang von Menschwerdung und Menschenwürde behaupten muß. Das Gerede für und wider die „Demokratisierung" greift hier nicht. Die Kirche brauchte um ihre Identität als gottmenschliches Heilszeichen und als „communio" nicht zu bangen, wenn sie den Menschen nicht nur theoretisch, sondern auch praktisch zubilligte, aus der Gewissensverantwortung in Glaubens- und Sittensachen mitzudenken, mitzureden, mitzuhandeln.
Die Feinde des Gewissens heißen Vermessenheit und Angst. Finden wir im „Gotteskomplex" moderner Mentalität oft Vermessenheit, so finden wir im Obrigkeitssinn der Bürger und im Kleinglauben der Christen oft die nackte Angst, die in Aggression gegenüber den Regungen der Mündigkeit umschlägt. Angst erzeugt Angst – „Angst essen Seele auf" (Rainer Faßbinder). Es gibt nur ein Rezept gegen die Vermessenheit: die Verantwortung. Es gibt nur ein Rezept gegen die Angst: die Verantwortung. Und Gewissen kann nur entstehen, wo Mündigkeit und Mitverantwortung vorausgesetzt und vorweggenommen werden, wo sie noch nicht „da" sind, wo es den Anschein hat, als fehlten sie, und wo sie unbequem sind. Wer das Gewissen will, muß Bedingungen schaffen, die den aufrechten Gang ermöglichen.

b. Zur Geschichte des Gewissensphänomens

In den alten Religionen werden die mit Schuld und Güte verbundenen moralischen Erfahrungen meist mit den inneren Organen des Menschen ausgedrückt. Dies gilt auch für das Alte Testament, wenn es zum Beispiel von „Herz" und „Nieren" spricht (vgl. 1 Sam 24, 6; Deut 30, 14; Ez 36, 26). Die alttestamentlichen Propheten lehren, daß Gott das Gesetz ins Innere des Menschen geschrieben hat (vgl. Jer 31, 33; Ez 36, 26). Außen und Innen der ethisch geprägten Selbsterfahrung sind also ursprünglich von der Beziehung zwischen Gott und Mensch her bestimmt. Im Christentum übernimmt das Neue Testament den hellenistischen Begriff „Syneidesis", der schon in der Septuaginta benutzt wird (vgl. Koh 10, 20; Weish 1, 10). Dies gilt besonders für Paulus (vor allem in 1 Kor), während in den Evangelien zum Beispiel Herz und Auge für die Ausrichtung des ganzen Menschen vor Gott stehen können (vgl. z.B. Lk 11, 34-36). In der patristischen Tradition bildet sich das Gewissensphänomen als Vorstellung vom Ort der ethisch-praktischen Gotteserfahrung heraus. Während Augustinus noch eher das Phänomen beschreibt, wird in der Hochscholastik der Gewissensbegriff ausgearbeitet. Dabei unterscheidet z.B. Thomas von Aquin zwischen dem Gewissen als allgemeiner Anlage der Moralfähigkeit (synteresis) und dem Gewissen als der Fähigkeit, die moralische Erkenntnis anwenden zu können (conscientia). Die „synteresis" ist der „habitus naturalis principiorum operabilium" (De Ver. 16, 1; S.th.I q 79 a 12); die „conscientia" ist die „applicatio notitiae ad actum" (S.th.I q 79 a 13; I-II q 94 a 1). Dabei nimmt die anthropozentrische Bedeutung des Gewissensphänomens zu. Das Gewissen ist so etwas wie die sittliche Identität des Menschen, die diesem in relativer Eigenständigkeit Verantwortung zuweist. Die äußere Bestimmung des Gewissens vom Gesetze Gottes her nimmt daher ab. Dennoch bleibt die religiöse Dimension des Gewissensphänomens vorrangig. Die sittliche Selbsterfahrung ist von der Gnade getragen, sei es in einer mehr intellektiven (Thomas), sei es in einer mehr affektiven Prägung (Bonaventura). Im Gewissen führt Gott den Menschen von innen her und nicht durch ein äußeres Gesetz. Diese Auffassung findet ihren Höhepunkt in der Bezeichnung des Gewissens als „Stimme Gottes", die sich später im Pietismus findet.

Als vorbürgerliche Perspektive des Gewissensphänomens kann man daher ohne weiteres die religiöse Bestimmung des Gewissens ansetzen. In dieser erfolgt eine fortschreitende Verinnerlichung der religiösen Norm, sei es des Glaubens, sei es der Moral, entsprechend dem Zusammenhang, den schon Paulus beschrieben hat: „Alles, was nicht aus Überzeugung geschieht, ist Sünde" (Röm 14, 23).

Für das bürgerliche Gewissensverständnis tritt nun an die Stelle der Beziehung zwischen Gott und Ich die Beziehung zwischen Sozialität und Individualität. In der bürgerlichen Auseinandersetzung um die sittliche Selbstbestimmung des Menschen konkurriert letztlich „der Ruf zur Sorge um das eigene Selbst", der „aus mir und doch über mich" erfolgt (Heidegger), mit der „Gott-präsentierenden Funktion" (Max Scheler GP 92) des Gewissens. Diese Wandlungen werden im wesentlichen durch die Religionskritik Nietzsches, Marx' und Freuds vollzogen. Nach dem „Tode Gottes" hat das Gewissen sich den humanwissenschaftlichen Erklärungen zu unterwerfen. Daneben gibt es freilich, auf Grund der Ungleichzeitigkeit des Bewußtseins, weitere Vertiefungen der religiös-responsorischen Auffassungen vom Gewissensphänomen (vgl. Auer, Ebeling, Gründel).

Das Gewissen als Kern der sittlichen Identität des Menschen erscheint nach humanwissenschaftlichen Erkenntnissen erstens als kulturrelativ, zweitens durch gesellschaftliche Prägungen vorgeformt (Sozialisationsprozeß), drittens als eine Art Selbstregulierung des Systems durch seine Internalisierung in den Menschen. Der bürgerliche Standard des Gewissensphänomens ist also dadurch gekennzeichnet, daß das Gewissen an transzendentaler Ursprünglichkeit verliert: es ist im wesentlichen erworben. Ferner steht das Gewissen fortdauernd in der Dialektik zwischen Außenlenkung und Innenlenkung (D. Riesmann). Diese Spannung zeigt sich zum Beispiel in der Psychoanalyse Freuds als Spannung zwischen internalisiertem „Über-Ich" und dem sich erst emanzipierenden selbsttätigen „Ich". Schließlich tritt in bürgerlicher Perspektive eine merkwürdige Dialektik auf, indem nämlich auf der einen Seite Pluralität, Relativität und Abhängigkeit des Gewissens in seiner Entstehung und in seinen Entscheidungen äußerst differenziert analysiert werden, und auf der anderen Seite das Gewissen aufgrund der Entwicklung der Idee der Menschenrechte und der modernen Demokratie, gesellschaftlich gesehen, einen immer höheren Rang erhält. Die Gewissensentscheidung, wird nun wirklich zur ethischen Letztentscheidung, über die nichts hinausgeht, aber diese moralische Sicherung des Individuums gegenüber den Ansprüchen der Gesellschaft ist auf der anderen Seite durch die Entstehung des sittlichen Bewußtseins unter gesellschaftlichem Einfluß behindert. In jedem Fall nimmt die soziale Steuerung durch normativ orientierte Selbstkontrolle mit der bürgerlichen Gesellschaftsformation zu.

Die nachbürgerliche Phase des Gewissensphänomens ist dadurch eingeleitet, daß schon in der bürgerlichen Phase die Gewissensfunktion zugleich mit einer analytischen Gewissenskritik verbunden ist. Die merkwürdige Beobachtung, daß Gewissen auf der einen Seite immer mehr in Anspruch genommen wird, daß dies aber auf der anderen Seite immer weniger bedeutet, verweist auf einen Stand der Gewissensverantwortung, in der gegenüber der bürgerlichen Gewissensfunktion Mißtrauen herrscht und zugleich eine fragile Gewissensidentität des Menschen, freilich ohne expliziten Glaubensbezug, gesucht wird. Im nachbürgerlichen Gewissen geht es um eine Art balancierende Ich-Identität, in der der Mensch die nötige Offenheit,

Flexibilität, Rollendistanz, Situationsbewußtheit „erlernt", um in der Balance das moralische Selbst zu finden. Nachbürgerlich steht die Frage nach dem Gewissen unter dem Vorzeichen, eine moralische Ich-Identität des Menschen zu entwickeln, die dem Eigenleben und dem Wachstum der „übermenschlichen" Systeme gewachsen ist (vgl. J. Habermas). Der Begriff des Gewissens wird dabei vermieden, soweit er unter dem Vorzeichen einer internalisierten Selbstkontrolle im Dienst sozialer Integration erscheint.

c. *Humanwissenschaftliche Anfragen und anthropologische Integrierung*

Auf der Ebene der Diskussion zwischen integrierender Anthropologie einerseits und den speziellen Human- und Sozialwissenschaften andererseits erscheinen im wesentlichen folgende Anfragen an die traditionelle Gewissenslehre:

(1) Während nach der klassischen Lehre das Gewissen als eine Anlage des Menschen betrachtet wird, mit der er „von Natur aus" auf Gut und Böse unmittelbar reagiert, wird das Gewissen nach der Lehre der Human- und Sozialwissenschaften erst durch archaisch-familiäre, allgemein sozialisierende und lebensgeschichtliche Faktoren aufgebaut.

(2) Während nach der klassischen Lehre im Gewissen die „prima principia" des Handelns bewahrt sind, tritt an die Stelle dieser anthropologischen Voraussetzungen eine Art soziokulturelle Kybernetik, die Lösungen für häufig wiederkehrende Probleme in Form von Verhaltensmustern der Subjekte in diesen selbst speichert.

(3) Während nach der klassischen Gewissenslehre der Gewissensspruch entweder vor die Tiefen des eigenen Selbst oder, theologisch gesprochen, vor Gott führt, erscheint er im Rahmen der Sozialwissenschaften als Zeichen versäumter eindeutiger sozialer Pflichten, als Index kollidierender Sozialregulationen oder als nützlicher Spielraum individueller Freizügigkeit.

(4) Während nach der klassischen Gewissenslehre in den Äußerungen des Gewissens entweder die Gnade Gottes oder die unverfügbaren Qualitäten des Menschen selbst sichtbar werden, erscheinen unter der Perspektive der Spezialwissenschaften die Äußerungen des Gewissens als verinnerlichtes Urteil der sozialen Gruppe über die Eigenabweichung von deren Verhaltensmustern.

(5) Während nach der klassischen Gewissenslehre das Gewissen in sich selbst eo ipso bereits eine moralische Qualität darstellt (dies wird im „amoralischen" Gegenbegriff der „Gewissenlosigkeit" sichtbar), steht das human- und sozialwissenschaftlich bestimmte Gewissen stets zwischen Anpassung und Widerspruch zu den prägenden Instanzen. Das Dilemma einer human- und sozialwissenschaftlich erklärten Gewissensbildung besteht darin, daß sowohl eine integrative als auch eine kritische Gewissenserziehung als manipulativ verstanden werden müssen, weil sie beide jeweils von äußeren Faktoren der sozialen Wirklichkeit abhängen und sich nicht mehr auf ontologische Vorgegebenheiten berufen können.
Einen Versuch der anthropologischen Integrierung dieses Befundes hat W. Weischedel vorgenommen. Nach Weischedel macht das Gewissen „den Menschen auf sein wahres Sein als eines radikal fraglichen Wesens aufmerksam"[22] Demnach besteht das Wesen des Gewissens nicht darin, daß es fertige Antworten gibt, sondern daß es radikal in Frage stellt. Da, phänomenologisch gesehen, die Primärerfahrung des Gewissens als negativ beschrieben werden kann, das heißt, als Verfehlung eines möglichen Gutes, kann man sagen, daß das Gute im Gewissen eher indirekt erfahren wird, aus der Spannung mit dem direkten Bösen, das als unser Tun und unser Sein vor uns tritt. In dieser Erfahrung liegt der Rückschluß vom Tun auf das Sein, das sich in diesem Tun manifestiert und damit, als Seinsdiagnose des Menschen, die Widerfahrnis einer nicht verfügbaren Wirklichkeit, die ihr Sein von sich selber her hat. Indem der Mensch vor sich selbst in Frage gestellt wird, werden zugleich die Strukturen, die er entworfen hat und deren Folgen sich seinem Handeln bis zu einem gewissen Grade entziehen, in ihrer ganzen Fraglichkeit offenbar. Anthropologisch gesehen bedeutet daher die analytische Gewissenskritik der Spezialwissenschaften, daß die moralische Kontingenzerfahrung des Menschen vertieft wird. Zugleich aber entsteht daraus eine kritische Potenz, eine Art „Möglichkeitssinn" (R. Musil) für das noch nicht vorhandene Gute.
Wird das Gewissen solchermaßen anthropologisch bestimmt, dann erscheint es weniger unter dem Vorzeichen der Applikation göttlicher oder gesellschaftlicher Normen, sondern unter dem Vorzeichen eines moralischen Selbstfindungsprozesses, in dem es um wirkliche Verantwortung geht. Gewissensbildung kann von daher als

22 W. Weischedel, Skeptische Ethik, Frankfurt 1976, 176.

eine Art sozialer „Selbsterwirkung" im Bereich der ethischen Verantwortung verstanden werden. Die Verantwortung des Menschen beruht auf der konkreten Gestalt seiner Freiheit, die diese durch die vorentschiedene Grundeinstellung der menschlichen Person gewinnt. Diese konkrete Gestalt der Freiheit wird oft nur als Wahlfreiheit mißverstanden, sie ist hingegen, tiefer gesehen, ein Totalakt des menschlichen Sein-Könnens, eine Grundentscheidung im Sinne eines „Vorzeichens für den resultierenden Totalzusammenhang der Handlungen des konkreten Menschen"[23]. N. Matros definiert daher das Gewissen „als das persönliche, ungegenständliche Wissen um die sachliche oder unsachliche Qualität der Vorentscheidung"[24]. Dabei wird die Norm nicht durch das Gewissen ersetzt. Aber sie gewinnt im Gewissen eine neue Transparenz für die Freiheit. Das Gewissen ruft nicht primär vor das Gesetz, sondern vor die Lebenskonsequenz, und dies gilt nicht zuletzt im theologischen Kontext. Die „Übergesetzlichkeit" des Gewissens, die zur Tradition gerade der christlichen Gewissenslehre gehört (vor allem bei Thomas von Aquin), ist eine Folge der Grundentschiedenheit im christlichen Glauben. In diesem anthropologischen Sinne spricht zum Beispiel auch Habermas zwar nicht vom Gewissen, wohl aber vom „moralischen Bewußtsein". Er bezeichnet damit „die Fähigkeit ..., von der interaktiven Kompetenz für eine bewußte Verarbeitung moralisch relevanter Handlungskonflikte Gebrauch zu machen"[25]. Letztlich geht es ihm dabei um eine Verantwortung, die sich nicht einfach aus gegebenen sozialen und sozialpsychologischen Steuerungsmechanismen ableiten läßt, sehr wohl aber diese diagnostiziert: „Das moralische Bewußtsein ist, weil es das handelnde Subjekt unter den Imperativ der bewußten Konfliktverarbeitung stellt, ein Indikator für den Grad der Stabilität der allgemeinen Interaktionskompetenz"[26]. Das Gewissen als personaler Ort moralischer Konzentration wäre demnach nicht primär Instrument der Anpassung an von außen auferlegte Normen, sondern diagnostisches Material für soziale Zustände. Über die Freilassung der Gewissen ermöglicht die komplexe Gesellschaft gewissermaßen ihre eigene Entwicklung.

23 H.E. Hengstenberg, Philosophische Anthropologie, ^{3}1966, 45.

24 N. Matros, Das Selbst in seiner Funktion als Gewissen, in: J. Blühdorn (Hg.), Das Gewissen in der Diskussion, Darmstadt 1976, 203.

25 J. Habermas, Identität: Zur Rekonstruktion des historischen Materialismus, Frankfurt ^{2}1976, 82.

26 AaO. 86.

d. Gewissen und Verantwortung heute

Die klassische Gewissenslehre hat den Menschen als Träger seiner Handlungen und damit seiner Verantwortung ohne weiteres vorausgesetzt. Träger seiner Handlungen ist aber der Mensch nur unter bestimmten anthropologischen Vorgegebenheiten seines Daseins und unter bestimmten individualgenetischen und sozialgenetischen Bedingungen seines Soseins. Diese Vorgegebenheiten und Bedingungen gehören sicherlich auf der einen Seite zu seiner Determination, auf der anderen Seite besteht aber gerade die Gewissensfreiheit des Menschen darin, seine Determinanten erkennen und sich zu ihnen verhalten zu können. Indem der Mensch Verantwortung *vor* seinem Gewissen übernimmt, trägt er zugleich auch Verantwortung *für* sein Gewissen. Die normativen Inhalte des Gewissens haben dabei einen „revisionsfähigen Status“[27]. Was immer im Gewissen als verbindlich für die Verantwortung erscheint, muß sich den beiden Perspektiven der Gewissenskritik (im Sinne einer Kritik der Gewissensgenese) und der Kritik der Gewissensinhalte stellen. Aber gerade diese Kritik schafft Distanz zum bürgerlichen Funktionalismus des Gewissens. Dieser ethisch-emanzipative Charakter des Gewissens, der theologisch tiefer in der „Freiheit vom Gesetz“ begründet werden könnte, gewinnt aber, wie alle Verantwortung, im Letzten seine Kontinuität, seine Bewahrheitung und seine Sicherheit nur in der Übereinstimmung mit der letzten Sinnorientierung des Menschen. Ethische Verantwortung ist in dem Sinne letztlich immer standortgebunden, als sie nicht nur auf der Abwägung des jeweils Richtigen, sondern auf der Entscheidung zur eigenen Grundentschiedenheit beruht. In der rationalen Abwägung des sittlich Richtigen scheint unser Gewissen wesentlich weniger gefragt als in der existentiellen Verankerung unseres Sinnes für neue Möglichkeiten, wirklich Menschen zu werden.

Im Gewissen werden die beiden notwendigen und einander ergänzenden Kompetenzen der Verantwortung zusammengeführt: die Entscheidungskompetenz und die Orientierungskompetenz. Das Gewissen als Kraftfeld des sittlichen Selbstentscheides wird um so mehr gebraucht, als sich einerseits die Programmierung des menschlichen Handelns erhöht und auf der anderen Seite zwischen verschiedenen Programmierungen im pluralistischen Sinne die Wahl

27 AaO. 117.

gelassen wird. Gerade das entscheidungsfähige Gewissen muß deshalb orientierungsoffen bleiben. Orientierung, die das Gewissen berücksichtigt, fordert dieses heraus und ersetzt es nicht. Dies gilt auch für eine Verantwortung, die aus der Zugehörigkeit zu einer Glaubensgemeinschaft erwächst. Der christliche Glaube hat eine besondere Affinität zu bestimmten sittlichen Grundeinstellungen. Die Orientierung der Gewissen, die von daher erfolgt, baut sich aus der Vermittlung von Sachgerechtigkeit und Sinngerechtigkeit auf und berücksichtigt dabei die Praxis der gelebten Überzeugungen in der Glaubensgemeinschaft. In der Balance zwischen Orientierungs- und Entscheidungsfähigkeit der Gewissen erhält auch das lehramtliche Sprechen der Kirche seinen Sinn. Die Kriterien der Freiheit und der „Auferbauung" der Gemeinde, die Paulus im Korintherbrief aufgestellt hat, gelten auch für den Dialog zwischen innerer und äußerer Verbindlichkeit sittlichen Redens in der Kirche.

e. *Autorität und Gewissen in der Kirche*

Da auch das Gewissen eine Autorität darstellt, können sich Autorität und Gewissen in einem Widerspruch auf gleicher Ebene befinden. Geht dieser Widerspruch bis in die äußerste Existenztiefe, dann, so lautet die übereinstimmende Lehre der christlichen Tradition, muß der Mensch letztinstanzlich seinem Gewissen folgen. So grundsätzlich ist jedoch der Widerspruch zwischen Autorität und Gewissen im seltensten Falle. Der Widerspruch, um den es im allgemeinen geht, ist ein partieller und ein relativer. Partiell und relativ ist dieser Widerspruch vor allem dann, wenn es eine Hierarchie der Wahrheiten, eine Stufung der Verbindlichkeit der Form autoritativer Aussagen und Stufen der Verbindlichkeit der eigenen Gewissensüberzeugung und Gewissensentscheidung gibt. All dies gehört zur Tradition verbindlichen Sprechens und Glaubens in Sittensachen in der Kirche. Zwischen Autorität und Gewissen gibt es daher so etwas wie eine „Strategie" der Konfliktvermeidung. Das ändert jedoch nichts daran, daß ein objektiv nur relativer Widerspruch existentiell als sehr bedrängend und entscheidend erfahren werden kann. Dies hängt daran, daß weder die Hierarchie der Wahrheit noch die Stufung der Verbindlichkeit autoritativen Sprechens, noch die Abstufung der Sicherheit der eigenen Gewissensüberzeugung genügend bedacht und in Beziehung gesetzt werden. So kann ein relativer Widerspruch zwischen Autorität und Gewissen mit einem grundsätzlichen verwechselt werden. Dies wird um so mehr der Fall sein, als sich die Autorität mit Mitteln der Gewissensdisziplin durchzusetzen versucht (Aufforderung zum religiösen Gehorsam, Sündendefinition usw.) und als sich die Berufung auf den Gewissensanspruch mit der Orientierungslosigkeit des Gewissens vermischt. Das Problem läßt sich nur lösen, wenn seitens der Autorität mit den Mitteln der Transparenz und der Partizipation versucht wird, die eigene verbindliche Entscheidung jeweils mit der Praxis gelebter Überzeugung zu vermitteln. Auf der anderen Seite aber sollte gerade die Gewissensentscheidung nicht darin bestehen, zwischen verschiedenen, wechselnden Autoritäten hin und her zu pendeln (z.B. zwischen der Autorität der Leitung und der Autorität der solidarischen Gruppe). Man könnte sagen: je autoritärer die Gewissen, um so größer wird der Widerspruch zwischen den Autoritäten, denen man die eigene Gewissensentscheidung überantwortet, erfahren. Je autoritärer die Entscheidungen, schon in der Form ihres Entstehens, um so geringer die Möglichkeit, die autoritären Strukturen der Gewissen zu überwinden. Man beutet sie entweder für sich aus oder man nimmt sie gegen sich ein.

Gerade das lehramtliche Sprechen in der Kirche aber bedarf der Kooperation zwischen der Autorität der Lehre und der Autorität der gelebten Überzeugungen, weil „das kirchliche Lehramt auf dem Gebiet des natürlichen Wissens und innerweltlicher Gegenstände keine absolute, sondern nur eine je nach Gegenstandsbereichen gestufte Zuständigkeit besitzen kann“[28]. Dies gilt überall dort, wo es um „gemischte“ Aussagen geht, die neben der Auslegung der Offenbarung auch andere Einsichten zugrunde legen. Ohne diese Kooperation entsteht eine falsche, nämlich autoritäre Hierarchisierung der Gewissensentscheidungen. Auf der Ebene des Gewissens gibt es jedoch in der Kirche keine Unterschiede, sondern alle sind gleich. Das Gewissen des Amtsträgers hat, insofern es das Amt betrifft, keine höhere Inspiration als das Gewissen des einfachen Gläubigen. Deshalb ist es dazu gehalten, Entscheidungen nicht zur subjektiven Gewissenssache zu machen, sondern zur Sache der Verantwortung des Amtes für die betroffenen Menschen. Die Kooperation zwischen Autorität und Gewissen wird um so besser sein, je mehr der Grundsatz

28 H.E. Hengstenberg, Persönliches Gewissen und kirchliches Lehramt, in: J. Blühdorn (vgl. Anm. 24), 103.

durchgehalten wird, wechselseitig einen Vertrauensvorschuß auf Verantwortung zu geben, um Konflikte und Differenzen in ihrer Relativität sehen zu lernen.

3. Das Gewissen bleibt die letzte Instanz (1989)

Das offene Wort, den Widerspruch im richtigen Geist und den sorgfältigen Dialog hatte die deutsche Bischofskonferenz (21.1.89) in der erneuten Diskussion der Geburtenregelungsnorm und anderer Fragen angemahnt. Anders sah eine vatikanische Stellungnahme vom 16. Februar 1989 aus: Das Verbot der künstlichen Empfängnisverhütung ohne jede Ausnahme sei „nicht zur freien Diskussion gestellt". Die Sprache gegenüber katholischen Ehepaaren, die sich hinsichtlich der Familienplanung in Schwierigkeiten sehen, ist verschieden: Der vatikanische Kommentar bevorzugt die Sprache des „Mitleids", während schon die Königsteiner Erklärung der deutschen Bischöfe von 1968 die Sprache des Respektes vor dem mündigen und informierten Gewissensentscheid gebraucht. Offenes Wort oder tiefes Schweigen, Mitleid oder Respekt – was ist angemessen?
Solche Stellungnahmen mögen in der Kirche nebeneinander bestehen können, aber sie enthalten doch ganz unterschiedliche Pointen. Angesichts mancher Unterstellungen in dieser Sache sei von Anfang an klar gesagt: Die Theologie beansprucht in ihrer eigenen, kirchlich eingebundenen Lehrkompetenz nicht die Autorität des Weiheamtes. Es geht vielmehr um die kommunikative Zuordnung der für die Lehre wichtigen, aber in ihrer Reichweite unterschiedlichen Kompetenzen: des Zeugnisses der Gläubigen, der theologischen Reflexion, der einschlägigen Sachkenntnis und der Entscheidungsbefugnis in Lehrfragen, der diese Zuordnung obliegt. Ich kann keinem Moraltheologen unterstellen, daß er „ex auctoritate sua" das kontradiktorische „Gegenteil" zu *Humanae Vitae* gelehrt und, bei aller Kritik an der Beweisführung, behauptet hätte, eine Anwendung künstlicher Mittel zur Empfängnisverhütung sei moralisch unproblematisch. Die Probleme dieser Mittel, im einzelnen verschieden, sind bekannt. Es geht vielmehr u.a. um die Frage, ob jede Art der Anwendung jedes Mittels zu jeder Zeit an jedem Ort unter jeder Bedingung, unter Berücksichtigung verschiedener Folgen und Zwecke in

sich verwerflich sein könne. Es geht ferner um die Frage, welche Art der Lehrautorität das hierarchische Lehramt in diesem Fall, in dem die Einsicht in die Sachlage zur Präzision der Norm gehört, anwenden kann. Es geht schließlich um die Frage der Gewissensauffassung.

a. Irritation der Gewissen?

Neben anderen Bedeutungen hat das Gewissen in der moraltheologischen Tradition die Bedeutung des letztinstanzlichen praktischen Urteils „hier und jetzt". Die sittliche Regel kann analog zu einer grammatischen Regel in der Sprache betrachtet werden: sie kann auf einen Problemfall zutreffen oder auch nicht; sie kann anderen, ebenfalls in diesem Fall Geltung beanspruchenden Regeln begegnen; sie kann auf nicht vorhergesehene Umstände treffen. Dabei geht es eigentlich nicht um das Problem der „Ausnahme", denn Ausnahmen lassen sich wiederum in Regeln fassen.
Nehmen wir ein Beispiel für einen von *Humanae Vitae* nicht vorhersehbaren Fall: die Benutzung von Kondomen zur Verhütung der Weitergabe von „Aids" in der ehelichen Beziehung. Das Kondom ist hier nicht Verhütungsmittel, sondern es dient dem Gesundheitsschutz. Einige Kardinäle und Bischöfe haben sich für diese Möglichkeit ausgesprochen.
Wenn nach *Donum Vitae* (Glaubenskongregation 1987) technische Mittel zur Erleichterung der Zeugung eingesetzt werden dürfen (vgl. n.6 unter Berufung auf Pius XII.), wird es schwierig, ein Globalverbot „künstlicher Hilfsmittel" personal zu begründen. Ist daher *Humanae Vitae* eher als „prophetische" Kampfansage an den Mißbrauch der Technik zu verstehen?
In jedem Fall bleibt das praktische Urteil des Gewissens als letzte Instanz. Es kann nicht schlechthin durch einen authentischen Lehrentscheid präjudiziert werden. Auch an einen Erfahrungsgrundsatz ist zu erinnern: Je allgemeiner ein Gesetz, um so offener in der Anwendung; je kasuistischer die Gesetze, um so größer die Lücken zwischen ihnen. In *jedem* Fall läßt sich das „iudicium ultimum practicum", das letztinstanzliche praktische Urteil des Gewissens, nicht ausschalten, ohne eine große katholische Tradition aufzugeben.
Bischof Dr. Ludwig Averkamp hat mit Recht darauf hingewiesen, daß das Gewissen kein „Alternativbegriff" zur Norm ist und daß es zu seiner Bildung der Orientierung bedarf. Er hat jedoch auch „in An-

wendung einer alten Lehre der Moraltheologie festgestellt": „Wenn jemand nach gründlicher und ehrlicher Auseinandersetzung mit einer Norm zu einem andersgearteten Gewissensurteil kommt, dann ist dieses Gewissensurteil für ihn bindend, auch wenn es irrig sein sollte ... Wenn ein Christ sich eingehend und ehrlich mit diesen ganzen Fragen und mit der Lehre und mit ihrer Begründung auseinandergesetzt hat und nach persönlichem Studium und Urteil zu einer anderen Entscheidung kommt, dann – so sagte die Königsteiner Erklärung – ist dies zulässig, weil es sich bei dem Verbot bestimmter Methoden der Empfängnisverhütung nicht um eine endgültige Lehrentscheidung handelt." Diese Anwendung eines eigenen Lehrschreibens der deutschen Bischöfe „zum Umgang mit Äußerungen des Lehramtes" sei „bis heute zweifellos gültig".[29]
Zur Sorge vatikanischer Stimmen, die Theologen könnten „einen Irrtum in das moralische Gewissen der Eheleute hineintragen", sind die katholischen Christen selbst zu befragen. Ein Teil von ihnen, der der Kirche lau und relativ gleichgültig gegenübersteht, bemerkt eher die Stimme des Papstes; theologische Aussagen interessieren diesen Teil kaum. Ein anderer Teil, der in geschlossener und autoritativer Katholizität zu leben wünscht, wird durch theologische Kritiken nicht in seinem Sexualverhalten berührt. Jene Katholiken aber, die meist zugleich engagiert und kritisch sind, wissen mit dem praktischen Urteil des Gewissens umzugehen. Die Rede von der „Irritation der Gewissen" scheint oft von der Aggression gegen Mündigkeit bestimmt.

b. Authentische Unfehlbarkeit des ordentlichen Lehramtes?

Theoretisch könnte neben dem außerordentlichen Lehramt des Papstes auch das ordentliche Lehramt aller Bischöfe mit dem Papst zu Lehren mit Anspruch auf „Infallibilität" gelangen. *Humanae Vitae* gilt zwar als authentisch, aber nicht als infallibel. So wurde die Enzyklika auch 1968 von Kardinal Lambruscini im Auftrag Pauls VI. vorgestellt. Manche Tendenzen römischer Äußerungen weisen darauf hin, daß man diese Ausgangslage anders sieht oder sehen möchte. Dies aber dürfte angesichts der Intentionen Pauls VI. und

29 L. Averkamp, Ein begründetes Gewissensurteil ist bindend, Interview mit E. Kopp, in: Allgemeines Sonntagsblatt vom 10.2.1989.

angesichts der vorliegenden Analysen der Bischofssynode (Ehe und Familie 1980) kaum möglich sein.
Zur Verkündigung authentischer Lehren sei an Karl Rahners Kommentar zur Frage der „rechten Erhellung und angemessenen Darstellung" der Wahrheit (*Lumen Gentium*, n.25) erinnert: „Das ist als *sittliche Pflicht* der Träger des Lehramtes zu verstehen ... Die apta media (geeigneten Mittel) bestehen in einem immer neuen Umgang mit der Schrift, mit der theologischen Arbeit ... *und deren freier und unbefangener Diskussion* (Hervorhebungen von mir), in dem lebendigen Kontakt mit dem sensus fidei (Glaubenssinn) der Gesamtheit der Gläubigen, die im Glauben nicht als ganze irren kann, im ökumenischen Dialog, in der Beachtung der ‚Hierarchie der Wahrheiten des Glaubens' ... in einem offenen und mutigen Dialog mit der geistigen und gesellschaftlichen Welt der eigenen Zeit ... in einem sinnvollen Berücksichtigen der ‚öffentlichen Meinung in der Kirche'."[30]
Daß es auch eine Pflicht der Theologen zur sorgfältigen Interpretation authentischer Lehren gibt, wird gegenwärtig zur Genüge betont – dazu gehört aber auch die sorgfältige Wiedergabe der Art der Lehrautorität, ihrer geeigneten Mittel und ihrer Grenzen.

c. *„Ausnahmslose" Norm?*

Der Sprachgebrauch „Ausnahme" scheint mir so oder so irreführend. Ich sehe vielmehr drei bedrängende Fragen:
(1) Ist die Geburtenregelungsnorm in jenem „endgültigen" Sinne richtig, der gelegentlich für sie beansprucht wird? Viele Theologen sind offensichtlich der Meinung, daß hier Präzisierungen möglich und nötig sind, vor allem im Verständnis von „Natur", „Technik" und „Person". Es ist der römischen Theologie nicht gelungen, ihren Personbegriff einsichtig zu machen. Nach einer langen Klärung verschiedener pastoraler Wege wäre es nötig, diese Präzisierungen gemeinsam zu suchen. Die römische Ungeduld mit der innerwissenschaftlichen Diskussion, die Weigerung, inhaltliche Kritik einzubeziehen, die Reduktion des Themas auf den Beistand des Heiligen

30 K. Rahner, in: Das Zweite Vatikanische Konzil, Dokumente und Kommentare, Teil I, Freiburg – Basel – Wien 1966, 240.

Geistes einerseits und den Gehorsam andererseits sind kaum zu verstehen.

(2) Wofür ist diese Zuspitzung einer Einzelnorm gedacht, und wofür ist sie einschlägig? Ein sittliches Prinzip, z.B. die Liebe, vermag alle Einzelfälle zu umfassen, weil es *keine* Einzelnorm ist. Eine Einzelnorm bezieht ihre Präzision aus der Tatsache, daß sie *nicht* alle denkbaren oder gar die nicht vorhersehbaren Fälle einschließt. Sie bedarf der ständigen Weiterentwicklung durch Wissenschaft und Praxis.

(3) Verantwortete Geburtenregelung fördert Abtreibung nicht, sondern verhindert sie. Viele Katholiken leiden mit Moraltheologen darunter, daß sie gegen die Abtreibung sind, aber wegen des Verbotes jeder Abwägung der Geburtenregelung mit dieser Gefahr in dieser Position weder glaubwürdig noch effizient wirken können.

Würde *Humanae Vitae* im nachhinein mit Infallibilität ausgestattet, so könnte dies weder dogmatischen Kriterien genügen noch diese Probleme lösen. Theologische „Schulen", sagte Karl Rahner, sind „nur zu leicht versucht ..., sich mit dem Glaubensbewußtsein und der Lehre der Kirche identisch zu setzen"[31]. Das Amt der Einheit in Rom könnte und sollte sie daran hindern, auch wenn sie durch Verehrung dieses Amtes ihre Einseitigkeit zu verschleiern suchen.

31 AaO.

Drittes Kapitel
Bevölkerungsexplosion und katholische Verantwortung[1]

Das Faktum des beschleunigten Bevölkerungswachstums wurde in der Kirche zu einer Zeit wahrgenommen, als die weltweite Bedeutung dieses Problems bereits weithin anerkannt war. In seiner Sozialenzyklika *Mater et Magistra* (1961) kommt Johannes XXIII. darauf zu sprechen: „Tatsächlich dürfte, in weltweitem Maßstab gesehen, das Verhältnis zwischen Bevölkerungszahl und Versorgungsmöglichkeiten weder jetzt noch in absehbarer Zukunft zu ernsthaften Schwierigkeiten führen" (n.158). Seine optimistische Diagnose meldet sich auch in folgenden Worten an: „Im übrigen berechtigt der bis zum heutigen Tag auf dem Gebiet der Wissenschaft und Technik erzielte Fortschritt in dieser Hinsicht zu fast unbegrenzten Hoffnungen für die Zukunft" (n.189). In der konziliaren Zeit wurde die Kirche teilweise von einem Fortschrittsoptimismus eingeholt, der Fortschritt und Menschlichkeit als Verbündete sah, mit Zweideutigkeit und Grenzen wenig rechnete, der schließlich auch noch den Versprechungen der „Entwicklung der armen Länder" vertraute.

Die „Päpstliche Kommission für Geburtenregelung" kam 1967 in ihrem Gutachten zu folgenden Behauptungen: „Die Zunahme der Erdbewohner kann in keiner Weise als schlimm oder unheilvoll für das Menschengeschlecht bezeichnet werden ... – Die große Zahl von Menschen, die zu einer Nation gehören und das über den ganzen Erdball ausgebreitete Menschengeschlecht bilden, (ist) die Grundlage allen sozialen Austausches und kulturellen Fortschrittes."[2] Immerhin werden in diesem Gutachten durchaus „die ungeheuren Schwierigkeiten und die tiefgreifenden Umwälzungen" gesehen, „die sich aus den heutigen Lebensbedingungen in der ganzen Welt, besonders aber in einzelnen Gebieten mit schnellem Be-

1 Die folgenden Überlegungen verdanken sich der Diplomarbeit von J. Jann, Bevölkerungsexplosion im Widerstreit von Strategien und Werten. Rolle und Verantwortung der Kirche, Tübingen, 1982, 61-78.

2 Herderkorrespondenz 21 (1967) Nr. 9, 428.

völkerungswachstum ergeben haben".[3] Die Minderheitsmeinung dieser Kommission äußerte sich zu dem Problem überhaupt nicht. Offensichtlich kann man davon ausgehen, daß die Frage der sogenannten „Bevölkerungsexplosion" für die katholische Verantwortung der Geburtenregelung nur eine periphere Rolle gespielt hat. Dabei drängte sich die Sorge um bevölkerungspolitische Zwangsmaßnahmen in den Vordergrund. Außerdem sollte das Ja zur Elternschaft bzw. das Ja zum Leben auf keinen Fall gefährdet werden. Geburtenregelung hieß ja „verantwortete Elternschaft", d.h. es ging nicht darum, die Elternschaft einzuschränken, sondern sie in ein bewußtes Handeln zu überführen.

Noch vor dem Erscheinen der Enzyklika *Humanae Vitae* ging Paul VI. in seiner Enzyklika *Populorum Progressio* (1967) auf die Frage ein: „Es ist richtig, daß allzu oft ein schnelles Anwachsen der Bevölkerung für das Entwicklungsproblem eine zusätzliche Schwierigkeit bedeutet." ... „Die Bevölkerung wächst schneller als die zur Verfügung stehenden Unterhaltsmittel. Man gerät sichtlich in einen Engpaß" (n.37). Der Papst hatte offensichtlich den Zusammenhang zwischen Bevölkerungspolitik und katholischer Verantwortung in Sachen der Geburtenregelung erkannt. Aber es gab für ihn nur einen Ausweg: „Es ist der Weg einer vorausschauenden Familienpolitik, einer weitblickenden Erziehung des Volkes, die das Sittengesetz und die Freiheit der Bürger achtet" (*Humanae Vitae*, n.23). Mit dem Sittengesetz war hier das Verbot der künstlichen Empfängnisverhütung gemeint (vgl. *Humanae Vitae*, n.13). Seither wurde vom päpstlichen Lehramt immer wieder die Möglichkeit einer künstlichen Geburtenkontrolle als katholisch verantwortete bevölkerungspolitische Maßnahme ausgeschlossen. Papst Johannes Paul II. hat in seinen Besuchen in den armen Ländern von Anfang an diese Position eingenommen. Das apostolische Schreiben *Familiaris Consortio* (1981) möchte dafür sorgen, „daß die Eheleute vor allem die Lehre der Enzyklika Humanae vitae als normativ für die Ausübung ihrer Geschlechtlichkeit klar annehmen und sich aufrichtig darum bemühen, die für die Beachtung dieser Norm notwendigen Voraussetzungen zu schaffen" (n.34).

Gerade im Hinblick auf die Dritte Welt wurde die Botschaft der Enzyklika *Humanae Vitae* als „prophetisch" verstanden. Die „Lesart" der Katholiken in den Ländern der Dritten Welt war in der Tat eine

3 Ebd.

andere als in Europa oder in Nordamerika. Sie sahen vor allen Dingen in den Verboten chemischer Mittel zur Geburtenregelung eine Inschutznahme gegen imperative Ausbeutung und technische Überfremdung ihrer Kultur. Es ist keine Frage, daß diese Lesart mindestens als eine Teilwahrheit anerkannt werden muß. Dennoch kommt im Schlußdokument der Bischofssynode von 1980 in Rom „die Bestätigung der Enzyklika Humanae Vitae ... vorsichtig und zurückhaltend zur Sprache ..., was im Rückblick auf die engagierte Debatte zur Sache sicher überrascht hat".[4]

Die Kirche sieht sich durchaus unter dem Druck des Problems der Bevölkerungszunahme. Nach *Familiaris Consortio* erkennt sie die damit gegebene sittliche Verantwortung an (vgl. n.31). Die Kirche hofft jedoch darauf, daß ihre Lehre über die Geburtenregelung sich auch als verantwortungsvolle Lehre im Zusammenhang mit dem Bevölkerungswachstum bestätigen wird.[5] Durch die harte Position des Lehramtes wurde in der Folge eine Abwägung zwischen den Notständen des Bevölkerungswachstums und dem „Gebrauch von Mitteln, die sich direkt gegen die Fruchtbarkeit richten", unmöglich gemacht. Denn diese Mittel gelten als „unerlaubt, ... auch dann, wenn dieser Gebrauch von Gründen nahegelegt wird, die sittlich erlaubt und ernsthaft erscheinen können" (*Humanae Vitae*, n.16). Es ist nachweisbar, „daß sämtliche kirchlichen Verlautbarungen, die aus Rom stammen, auf die Lehre von Humanae Vitae Bezug nehmen, wenn sie auf die Probleme des Bevölkerungswachstums zu sprechen kommen".[6] Die Kirche hat also eine doppelte Sorge: die Sorge um die Trennung von Fruchtbarkeit und Sexualität einerseits, in der sie sich, wie sie meint, zum Anwalt der „Natur" und der menschlichen „Person" macht, und die Sorge gegenüber Auswüchsen in der Bevölkerungspolitik andererseits. In *Populorum Progressio* heißt es: „Das Anwachsen der Bevölkerung durch radikale Maßnahmen zu bremsen", sei eine große Versuchung. Dem Staat wird das Recht zur Aufklärung zugestanden, aber er muß das Recht auf Zeugung als Zeichen der Menschenwürde beachten. Gegenüber dem Staat gilt auf jeden Fall das Selbstbestimmungsrecht der Eltern über die Zahl ihrer Kinder. Die Kirche redet bei der Methode mit, aber nicht bei der Verantwortung der Kinderzahl. Daß Paul VI. zu Recht staatliche

4 H. Halter u.a., Sexualität und Ehe, Zürich 1981, 136.

5 Vgl. aaO.

6 J. Jann, aaO. 65.

Manipulation befürchtete, kann man an der jüngeren Geschichte Indiens und Chinas beobachten. Nach *Humanae Vitae* wird der bevölkerungspolitische Mißbrauch einer künstlichen Geburtenkontrolle geradezu zum Argument für das Verbot:
„Man möge auch bedenken, welch gefährliche Handhabe man auf diese Weise in die Hände jener staatlichen Behörden geben würde, die sich nicht weiter um sittliche Forderungen kümmern. Wer könnte einer Regierung einen Vorwurf daraus machen, wenn sie zur Lösung der Probleme der Allgemeinheit das anwenden würde, was den Ehegatten zur Regelung ihrer familiären Angelegenheiten erlaubterweise zugestanden würde? Wer würde die Regierungen hindern können, diejenige Methode der Empfängnisverhütung zu begünstigen, die nach ihrem Urteil die wirksamste ist, und sie, falls es nach ihrer Auffassung notwendig wäre, ihren Völkern geradezu zur Pflicht zu machen? Auf diese Weise würde man, um persönliche, familiäre oder gesellschaftliche Schwierigkeiten zu vermeiden, die man bei der Beobachtung des göttlichen Gesetzes in Kauf nehmen muß, dahin gelangen, die persönlichste und intimste Sphäre ehelicher Liebe dem autoritären Zugriff staatlicher Stellen zu überlassen" (*Humanae Vitae*, n.12). Die Verurteilung des staatlichen Eingriffs in die Freiheit der Ehegatten, „über Nachkommenschaft zu entscheiden", wird entschieden in *Familiaris Consortio* wiederholt. Künstliche Empfängnisverhütung, Sterilisation und Abtreibung werden dabei in einem Atemzug genannt und zurückgewiesen (vgl. n.30). Vor allem wendet sich das apostolische Schreiben gegen eine Verkoppelung von Wirtschaftshilfen und Verhütungsprogrammen.
Möglicherweise hat man in der Ersten Welt oft diesen Schwerpunkt der Enzyklika *Humanae Vitae* und der folgenden päpstlichen Verlautbarungen nicht mit genügend Gewicht eingeschätzt. Viele Bischöfe der Dritten Welt brauchten die Enzyklika *Humanae Vitae* „als Schild gegen die Erpressung der eigenen Regierung oder der Industrienationen"[7]. Freilich hörte man im Vorfeld der Bischofssynode von 1980 auch Klagen aus der Dritten Welt wie die persönliche Stellungnahme des Erzbischofs Gordon Anthony Pantin von Port of Spain (Trinidad): „In meiner Heimat konnte ich meinem Volk sagen, was sie nicht zu tun hätten, was aber von ihnen zu tun sei, wußte ich nicht zu sagen ... Voll und ganz nehme ich Humanae Vitae als au-

7 Vgl. L. Kaufmann, Ehe und Familie. Beiträge aus der Dritten Welt, in: Orientierung 44 (1980) Nr. 20, 233.

thentische Lehre der heiligen Mutter Kirche an. Jedoch als Seelsorger kann ich die Stimmen sehr vieler aufrichtiger Katholiken nicht überhören, die nach einem Ausweg aus ihren überaus bitteren Schwierigkeiten rufen."[8]
Indem das päpstliche Lehramt angesichts der Herausforderung der Bevölkerungsexplosion sowohl die Instanz der persönlichen Verantwortung einschränkte als auch die Instanz der öffentlichen Autorität bekämpfte, weil sie ein Gefälle zwischen beiden Instanzen befürchtete, konnte der konstruktive Beitrag der katholischen Kirche zur Verantwortung des Bevölkerungswachstums nur in einer entsprechenden Entwicklung der sogenannten Natürlichen Familienplanung (NFP) liegen. Die Entwicklung päpstlicher Institute mit entsprechenden Sachkompetenzen ist in dieser Richtung zu sehen. Diese Überlegungen stehen durchaus in Kontinuität zum Pontifikat Johannes' XXIII. Dieser meinte, die „Schwierigkeiten (des Bevölkerungsproblems) werden nicht dadurch überwunden, daß man auf Methoden und Mittel zurückgreift, die des Menschen unwürdig sind und ihre Erklärung nur in einer rein materialistischen Auffassung vom Menschen selbst und seinem Leben finden. Die wahre Lösung bietet sich uns nur in der wirtschaftlichen Entwicklung und im sozialen Fortschritt, die die echten menschlichen Werte der Person und der Gesellschaft fördern" (*Mater et Magistra*, n.191f). Die eigentliche Lösung sieht die Kirche in dem Beitrag der katholischen Soziallehre zur Wirtschafts- und Entwicklungspolitik. In diesem Punkt versucht sie ihrer Mitverantwortung in Fragen der Bevölkerungsentwicklung gerecht zu werden. Für die letzten drei Päpste ist die Entwicklungsfrage nicht einfach nur eine Fortschrittsfrage, sondern ein Verteilungsproblem. Das Gleichgewicht zwischen Überfluß und Mangel muß auf erneute Weise hergestellt werden (vgl. *Populorum Progressio*, n.8). Die Päpste greifen auf das Naturrecht zum Eigentum zurück, das ja primär bedeutet, daß alle Menschen ein Recht haben, an den Gütern dieser Erde beteiligt zu werden (vgl. aaO., n.22). Papst Johannes Paul II. greift deshalb die Strukturen und Mechanismen an, „die mit Hilfe von verschiedenen politischen Druckmitteln die Weltökonomie beherrschen" (vgl. *Redemptor Hominis*, n.16). Es soll vor allen Dingen eine neue Weltwirtschaftsordnung sein (vgl. *Dives in Misericordia*, n.11; *Laborem exercens*, n.17), welche die Aufgabe übernimmt, für ein Lebensrecht aller zu

8 Zitiert nach L. Kaufmann, aaO.

sorgen. Es ist klar, daß die gerechte Verteilung eine starke internationale Autorität braucht. Dafür setzen sich die Päpste auch ein. Aber sie haben bisher keine Wege aufgezeigt, wie es ohne Gefahren und ohne Überspringen der tatsächlichen Machtverhältnisse zu dieser Autorität kommen könnte. Zu oft werden Ursachenanalysen nicht strukturell, sondern anthropologisch begründet. Den Zwiespalt des Menschen sieht man eher als Ursache der Strukturen als umgekehrt (vgl. *Familiaris Consortio*, n.9). Daher wird eher auf die Umkehr des Herzens als auf die mühsame Veränderung der Strukturen gesetzt (vgl. *Redemptor Hominis*, n.16). Nach Kardinal Julius Döpfner enthält die katholische Verantwortung des Bevölkerungsproblems drei Schwerpunkte:

(1) „Das Bevölkerungsproblem kann ... nur durch Ausweitung der Nahrungsmittelproduktion, durch gesamtwirtschaftliche sparsame Nutzung der Rohstoff- und Energiequellen und durch Eindämmung der Umweltgefährdung, wie auch durch erhebliche Erhöhung der Entwicklungshilfe ... und durch den Abbau des wirtschaftlichen Gefälles zwischen den Industrieländern und Entwicklungsländern gelöst werden.“[9]

(2) Die staatlichen Behörden können zur Lösung des Bevölkerungsproblems auf folgende Weise beitragen: „Es ist der Weg einer vorausschauenden Familienpolitik, einer weitblickenden Erziehung des Volkes, die das Sittengesetz und die Freiheit der Bürger achtet“ (vgl. *Humanae Vitae*, n.23).

(3) Gefordert ist auch jeder einzelne, der in irgendeiner Weise zur Aufrechterhaltung ungerechter und sozialschädlicher Strukturen und Ordnungen beiträgt, sei es durch seinen Lebensstil oder durch seine politischen und ökonomischen Leitvorstellungen: „Wahre Umkehr der Mentalität, des Willens und des Herzens“ sind erforderlich für den Abbau bestehender Benachteiligungssituationen.

Für die Diagnose und die Therapie, die das päpstliche Lehramt für die katholische Verantwortung im Wachstum der Weltbevölkerung vorschlägt, lassen sich gute Argumente finden. Die Orientierung an der Würde des Menschen und an der Verteilungsgerechtigkeit angesichts ihrer natürlichen Grundbedürfnisse mag manchem als zu prinzipiell und stur erscheinen, aber sie ist kaum zu kritisieren, wenn man von ethischen Voraussetzungen ausgeht. Auch als Anwalt

9 Vgl. Julius Kardinal Döpfner, Bevölkerungsproblematik und die Bedingung für eine menschenwürdige Zukunft, in: Herderkorrespondenz 11 (1974), 574.

der elterlichen Selbstbestimmung, etwa in der „Familiencharta" des Papstes von 1983, und als Schutz gegen staatliche Zwangsmaßnahmen hat sich die Kirche auf die Seite des Menschen gestellt. Aber die Frage bleibt, ob das Sachproblem des Bevölkerungswachstums nicht noch differenzierter wahrgenommen werden müßte.
Die Kirche sieht in der modernen Kultur die Gefahr des Haben- und Besitzen-Wollens, des Beherrschen- und Verfügen-Wollens. Aber auch in alten bäuerlichen Kulturen ist diese Gefahr gegeben. So gerät die Kirche in die Schere zwischen einer Ablehnung des Kinderwunsches, wenn dabei technische Hilfsmittel angewandt werden (vgl. *Donum Vitae*, 1987) und einer Ablehnung der Begrenzung der Kinderzahl, wenn dabei künstliche empfängnisverhütende Mittel zum Einsatz kommen. Die Frage aber bleibt, warum der „technische" Kinderwunsch schlimmer ist als der kulturell präformierte Kinderwunsch. In den Slums von Kalkutta bedenkenlos Kinder zu zeugen, ist ebenso problematisch, wie in den Kliniken von Kalkutta künstliche Befruchtungen vorzunehmen und Embryonen zu transferieren. Es kann doch nur darum gehen, sowohl die technischen als auch die kulturellen Extreme des Kinderwunsches abzubauen. Und es kann andererseits nur darum gehen, eine reine Gefälligkeit bzw. Willkür in der Frage der Empfängnisverhütung abzubauen. Man wird vielleicht einsehen, daß die Antworten in den verschiedenen Weltregionen auf die Herausforderung der Bevölkerungsentwicklung sehr unterschiedlich ausfallen können. Eine univoke und uniforme Lehre der katholischen Kirche ist hier ein Problem. Möglicherweise müssten die lokalen Bischofskonferenzen hier dafür sorgen, daß ein angemessenes „Hemd" der kirchlichen Lehre den Menschen näher ist als der römische „Rock".
Was heißt katholische Verantwortung angesichts des Bevölkerungswachstums? Mein Vorschlag lautet, die Kirche sollte hier ihre Priorität in der sittlichen Verantwortung ändern. Verantwortete Elternschaft soll mehr auf die Frage der sittlichen Rechtfertigung der Kinder*zahl* gelenkt werden als auf die Frage der zulässigen *Methode* in der Kinderzahlbeschränkung. Daß sich die methodischen Fragen vor die inhaltlichen Fragen der Verantwortung drängen, behindert geradezu die katholische Verantwortung. Wenn die katholische Kirche mit Recht sowohl der Vermeidung von Kindern wie der Erfüllung von Kinderwünschen überall dort entgegensteht, wo sie bloß unter der Maxime stehen, sich das Leben bequem, nützlich und erfreulich einzurichten, dann muß die katholische Kirche auch darin Farbe

bekennen, wo sie die Verringerung der Kinderzahl und wo sie die Erhöhung der Kinderzahl für eine Realisierung der Elternverantwortung hält.

Solche Maximen können aber nicht in zeitloser Souveränität und nicht in zentraler Autorität ausgegeben werden. Darum ist es meines Erachtens höchste Zeit, daß die Frage der katholischen Verantwortung im Bevölkerungswachstum nicht von Rom aus zentral bestimmt wird, sondern in die Hand der Ortskirchen gerät. Die Ortskirche kann den Sachfragen und den menschlichen Problemen nah sein. Sie muß der Unterschiedlichkeit gerecht werden, in der sich die Aufgabe der verantworteten Elternschaft in den verschiedenen Weltregionen, Wirtschaftssystemen und Verteilungsproblemen stellt. Die Kirche verliert leicht an Glaubwürdigkeit, wenn ihr vorgeworfen werden kann, daß sie sich bei intimen methodologischen Fragen aufhält, die allenfalls mündige Christen und Christinnen selber entscheiden könnten, wenn auch mit ihrem Rat versehen, statt daß sie klar zu den Betroffenen sagt, daß sie nicht mehr Kinder bekommen dürfen, als sie verkraften können. Behutsamkeit und Differenzierung müssen diese pastoralen Auswege begleiten. Wenn die Kirche bereit ist, ihre deklamierte Lehre für pastorale Auswege offenzuhalten, dann wird sich dies auch auf die Frage des Schwangerschaftsabbruches im Sinn einer Verringerung auswirken. Denn es kann schließlich nicht übersehen werden, daß der traditionelle Katholizismus lateinischer Länder oder gar Polens den dort weit verbreiteten Schwangerschaftsabbruch nicht behindert. Dies ist sicherlich auch eine psychologische Frage. Wem Geburtenregelung nur auf eine für ihn nicht zugängliche Weise erlaubt ist, der wird vielleicht „va banque" spielen und so in eine ausweglose Situation hineingeraten, in der der Schwangerschaftsabbruch zwar nicht gewollt, aber doch in Kauf genommen wird. Christen und Christinnen sind nicht immer in ausweglosen Situationen moralische Helden. In der katholischen Lehre über die verantwortete Elternschaft sollte es auch darum gehen, den Christen und Christinnen Heroismus zu ersparen.

Viertes Kapitel
Verantwortete Elternschaft – Das Ja zum Leben

1. Wissen wir, was „Leben“ bedeutet?

„Und dann kenne ich viele Jugendliche, die kommen mir auch so vor wie ich: als ob sie auch keinen Sinn im Leben finden. Ich verstehe das eigentlich nicht, daß die Erwachsenen immer sagen, daß es uns so gut ginge ... Ich habe wohl eine Vorstellung, wie ich gerne leben möchte: so, daß mir die Arbeit Spaß macht und nicht nur zum Geldverdienen da ist; und daß man sich für andere Leute auch mal einsetzt und sich um sie kümmert, wenn es ihnen dreckig geht ... Ich meine, ich würde meinem Leben gerne einen Sinn geben und nicht immer nur aufs Materielle aus sein. Nur – ich weiß gar nicht, wie ich das anfangen soll.“[1]

Ich will leben, aber ich weiß nicht, wie ich es kann! Dieser Notschrei erreicht uns oft, bei den Nächsten wie auch bei den Fernsten, wenn auch in ganz unterschiedlicher Weise: die einen leiden unter Hunger, Krankheit, Unfreiheit; die anderen leiden, bei Erfüllung der Grundbedürfnisse für das Überleben, unter Mangel an Sinn. Wer hungert und dürstet nach der Gerechtigkeit, der weiß um den Sinn für das Überleben; wem der Sinn schwindet, dem fehlt die Erfüllung im Bereich der qualitativen Bedürfnisse: nach gelingenden Beziehungen, nach sozialer Anerkennung, nach Orientierung an einem letzten Zusammenhang des Lebensganzen. Damit dieser Sinn schwindet, muß man keineswegs im Überdruß am Überflusse leben; viel wesentlicher ist die Ent-täuschung angesichts der auseinanderklaffenden Schere zwischen einer Fülle des Marktes, der die Wünsche anheizt, und den wirklichen Möglichkeiten, sich zu bedienen. Schlimmer noch ist die Schere zwischen den materiellen und immateriellen Substraten, die auf dem Markte für Sinn einstehen sollen,

1 Brigitte, 18 Jahre, 3 Suizidversuche, aus: Notausgänge, hg. von Chr. Schaefers, Hannover 1980, 89-91.

und dem wirklichen Lebensglück, das man nicht konsumieren kann. Die Bilanz dessen, was Leben faktisch bedeutet, ist nicht immer erfreulich: zuviel Erstarrung im Innern trotz vielerlei Wechsel und Veränderung im Äußern; zuviel „Hang zum Unlebendigen" (E. Fromm) statt Liebe zum Leben; zuviel Anspruch und Versprechen statt Maß und Erfüllung. Weil wir langsam erkennen, daß es keinen Sachverhalt gibt, der Sinn ersetzen kann, müssen wir über die Wirklichkeit hinaus nach der Möglichkeit fragen. „Wenn es Wirklichkeitssinn gibt, muß es auch Möglichkeitssinn geben", sagt Robert Musil.[2] Dabei ist freilich zu berücksichtigen, daß der „Sinn für die mögliche Wirklichkeit ... viel langsamer ans Ziel (kommt) als der den meisten Menschen eignende Sinn für ihre wirklichen Möglichkeiten". Wenn man bei der Frage nach den Bedeutungen von „Leben" die Bilanz des Faktischen verläßt, dann muß man damit rechnen, daß die Antwort schwieriger wird und ihre Zeit braucht. Man muß zunächst verschiedene Perspektiven der Deutung abschreiten und dann eine Synthese versuchen.

a. Leben ist mehr als das Dasein der Dinge

Wir wissen, daß, entwicklungsgeschichtlich gesehen, das biologische Leben eine Entfaltung der Möglichkeiten der Materie darstellt. Dabei ist es gar nicht so einfach, den Übergang vom Dasein der Dinge zur Eigentätigkeit des Lebens zu markieren. Aber dies ist auch nicht so entscheidend, denn es handelt sich um einen allmählichen Prozeß des Werdens, nicht um einen Sprung. Aber im Nebeneinander der Dinge kann jeder ein totes Holz von einem grünenden Baum unterscheiden. Lebendiges Dasein bleibt materielles Dasein (und damit ein Objekt für Physik und Chemie), und doch bewahrt die klassische Tradition von der vegetativen und der animalischen „Seele" als neuer Dimension des Daseins ihr Recht. Mit der biologischen Ebene entstehen neue Intentionen der Entfaltung und damit neue Gesetze, z.B. die Gesetze der Selektion und Mutation der Arten. Wenn man zudem die biologische und ethologische Forschung (d.h. die vergleichende Verhaltensforschung) betrachtet, dann sieht man, daß Leben sich hier letztlich nicht mehr ohne das Brückenprinzip der „Analogie" zur höchsten geschöpflichen Form des Lebens, zum

2 R. Musil, Der Mann ohne Eigenschaften, Reinbek 1970, 16ff.

Menschen, deuten läßt. Analogie heißt hier, daß zwar Ähnlichkeit besteht, aber die Unähnlichkeit immer größer bleibt. Mit der Deutung der biologischen Ebene des Lebens tritt an die Stelle der Formeln die Sprache. Und der Mensch kann nicht über etwas deutend sprechen, ohne mit dieser Sprache sich selbst einzubringen. Sobald der Mensch in der Deutung des Seienden seine „lebendige" Sprache braucht, geht er mit Leben um und deutet.

b. Leben bedeutet Mitleben

Mit dem Schritt der Materie ins Leben vergrößert sich die Vielfalt der Möglichkeiten. Diese Vielfalt des Lebendigen besteht miteinander, hängt voneinander ab, bedarf einander. Daher ist jede Veränderung an dem einen Leben zugleich auch eine Veränderung an dem anderen Leben. Diese Basiserkenntnis einer ökologischen Sicht der Lebenszusammenhänge ist uns in den letzten Jahrzehnten besonders bewußt geworden. Wir können schon die Materie nicht verändern, ohne damit ins biologische Leben einzugreifen; wir können nicht Prozesse des Vegetativen steuern, ohne die Basis des animalischen Lebens zu berühren; die erreichten Stufen des Gleichgewichtes zwischen verschiedenen Lebensformen schließen auch den Menschen ein. Jede Lebenswelt ist heute auch zugleich seine Lebenswelt, nachdem in keiner Region der Erde und der Gewässer, ja auch in der Luft der Mensch ausgeklammert werden kann. Damit kehren wir zur alten Weisheit des „Mitlebens" zurück, wonach kein Geschöpf überleben kann, wenn es nicht auch leben läßt, wenn es nicht auch Leben schont.

Schon hier wird die Deutung der Möglichkeiten zum Anspruch an die Verantwortung des Umgangs mit dem Leben. Die Maxime der „Ehrfurcht vor dem Leben" (A. Schweitzer) entsteht, wenn die Sache des „Mitlebens" als Sinn anerkannt wird. Daraus erkennen wir, daß die technischen Mittel des Menschen ihre Grenze darin finden, ob sie mit dem Leben zusammen sein können, ob das Leben mit ihnen gemeinsam existieren kann. I. Illich nennt dies das Prinzip der „Konvivialität"; d.h. „Mitleben" als Deutung wird zugleich zum Miteinander-leben-Können als Maxime menschlichen Handelns.

c. Leben – ein Grundbedürfnis, das wir teilen und entfalten

Alles Leben drängt nach der Erhaltung seiner selbst. Wo wir von der psychischen Energie des „Triebes“ sprechen, da ist nur eines unbestritten: der sogenannte Selbsterhaltungstrieb. Je mehr (relative) Eigentätigkeit das Leben hat, um so deutlicher ist dieser Drang. Beim menschlichen Leben entspricht diesem Sachverhalt die Deutung des Lebens als Grundbedürfnis der Daseinserhaltung und der Daseinsgestaltung. Näherhin spricht man von den biologischen Grundbedürfnissen und meint damit alles, was man zum Überleben braucht. Der Übergang zur Entfaltung dieses Bedürfnisses ins Seelische und Soziale ist fließend. Aristoteles hat das menschliche Leben als soziales Leben bestimmt. Kein menschliches Leben kann ohne Kommunikation aufwachsen, es kann nicht „rein biologisch“ überleben. Daher ist der Übergang in die Bedürfnisse nach Beziehung, sozialer Anerkennung und Sinnbestimmung im menschlichen Leben fließend.

Aber auch für Leben allgemein ist statische Daseinserhaltung ohne entsprechende Entfaltung auf die Dauer nicht möglich. Man kann z.B. Tiere nicht im Museum ernähren. Die Selbsterhaltung schließt die Entfaltungsbedingungen ein. Auch hier wird der Gesamtzusammenhang des Lebens nicht aufgelöst. „Wer möchte leben ohne den Trost der Bäume?“ fragt G. Eich. Und doch: was der Mensch mit allem Lebendigen teilt, entfaltet er spezifisch. Wenn der Mensch in der biblischen Schöpfungsgeschichte sich erst freuen kann, wenn er unter Seinesgleichen ist, dann geht es um mehr als die biologische Arterhaltung, es geht um die Gleichheit als Bedingung einer Kommunikation, durch die menschliches Leben erst seine ihm eigene Würde erhält.

d. Menschliches Leben – ein Leben, das die gleiche Würde jedes einzelnen Lebens braucht

Das spezifisch vormenschliche Leben findet seine Erfüllung in der Erhaltung und Entfaltung der Art. Das spezifisch menschliche Leben hat seine Würde nicht als Gattung, sondern als gleiche Wertbestimmung jedes einzelnen. Dies beschreibt die klassische anthropologische Tradition so, daß sie von der Geistträgerschaft jedes einzelnen spricht (nach Aristoteles: das Leben, das Geist hat). Theologisch heißt diese Wertbestimmung „Person", und damit ist nicht nur der individuelle Selbstand des Geistes gemeint, sondern auch die „Gottebenbildlichkeit" des einzelnen Geschöpfes für sich. Gäbe es diese Deutung des Menschen im Sinne der Würde des einzelnen Lebens nicht, so könnte der einzelne Mensch zum Mittel für die Allgemeinheit gemacht werden. In der letzten Konsequenz träte dann an die Stelle der Würde des Menschen die Arterhaltung „jenseits von Freiheit und Würde".

Die Deutung des menschlichen Lebens als Würde jedes einzelnen Daseins (vor den Arten der Geschöpfe, vor den Menschen und vor Gott) bedarf der Anerkennung, damit die Spezifität des menschlichen Lebens garantiert bleibt. Anerkennung der Würde des menschlichen Lebens ist jedoch stets mehr als die Anerkennung des Anspruchs, sein Leben zu haben und zu fristen. Anerkennung der Würde des menschlichen Lebens ist zugleich auch Anerkennung der Möglichkeiten, sich unter den Bedingungen gleicher Freiheit verwirklichen zu können. Daher ergeben sich aus der Würde des menschlichen Lebens die menschlichen Freiheitsrechte und die Notwendigkeit sozialer Strukturen, die diese Rechte garantieren. Leben in Würde ist nach I. Kant Leben im Recht.

Zur Würde des menschlichen Lebens gehört auch die menschliche Qualität des menschlichen Lebens. Da menschliches Leben nicht anders als qualitativ zu bestimmen ist, lassen sich Erkenntnis und Verantwortung des Menschseins zwar unterscheiden, aber letztlich nicht trennen. Indem menschliches Leben als personal und sozial zugleich interpretiert werden muß, ist es auch moralisches Leben. Die Erfahrung der Würde des menschlichen Lebens ist daher auch zugleich die Erfahrung der Moral.

e. Leben braucht Liebe – und Liebe heißt: Leben schenken

Schon im Tierreich gibt es Entwicklungsstufen, in denen das Leben fürsorgliches Verhalten braucht, um nicht zu verkümmern. Aber nur der Mensch kann mittels der Vernunft seine natürlichen Neigungen interpretieren und verlängern. Er ist auch am meisten von dieser Einstellung der Liebe als „Lebensförderlichkeit" abhängig. Auf der anderen Seite hat er auch ungeheure Möglichkeiten, Leben zu vernichten. E. Fromm führt die beiden Grundmöglichkeiten des Verhaltens gegenüber dem Leben auf „Biophilie" (Liebe zum Leben) und

„Nekrophilie“ (Hang zum Unlebendigen) zurück. Dem Elend der menschlichen Destruktivität entspricht die Größe, durch Liebe Leben erhalten und in der Entfaltung fördern zu können.
Die von der Vernunft gedeutete Liebe zum Leben ist mehr als geschlechtsspezifische Intensität und mehr als ein arterhaltendes Gefühl. Sie schließt die Gerechtigkeit ein, d.h. die Achtung vor dem Anderssein des anderen Lebens und die Verantwortung für die spezifische Würde des einzelnen Lebens. In der Gerechtigkeit ist die Liebe universal. Der Mensch braucht jedoch mehr als gleiche Achtung und gleiches Lebensrecht. Um leben zu können, braucht er die Vorzugsliebe, die ihn in besonderer und unauswechselbarer Weise meint. Liebe in vollendeter Form schließt Gleichheit und Erwählung bzw. Bevorzugung ein, und dies erscheint, obwohl das Modell der Elternliebe dafür Sinnbild ist, angesichts der menschlichen Möglichkeiten als paradox.
Nur unter der Voraussetzung des Gottesglaubens kann daher die Liebe zum Leben vollendet gedacht werden. Denn die Geschichte Gottes mit dem Menschen lehrt einen Gott, dessen Liebe gegenüber dem Leben zugleich universal und jedem einzelnen gegenüber spezifisch ist. Er liebt alle gleich und doch ein jedes nach seiner Art bzw. nach seiner Person. Darum betrachtet die Tradition, vor allem Augustinus, die Gottesliebe als Therapie der Menschenliebe.
Will der Mensch ein volles Ja zum Leben sagen, dann braucht er das Vertrauen in einen Gott, der Leben schenkt und die Liebe ist. Er kann sein Leben als Geschenk annehmen; er ist im Leben geborgen, auch wenn Daseinserhaltung und Liebe in einen Widerspruch geraten. Wer aus der Erfahrung lebt, daß Gott die Liebe ist, ist ein Christ.

f. Leben braucht Hoffnung – und Hoffnung heißt: das Leben siegt über den Tod

Das Urbild des lebendigen Lebens ist nach Paulus der auferstandene Christus. Die Auferstehungshoffnung begründet die „neue Schöpfung“ (2 Kor 5, 17). Das bedeutet: die Macht der Todesgrenze ist nicht mehr eine Einschränkung von Vernunft und Verantwortung. Wer aus der Hoffnung lebt, kann Leben verlebendigen lernen, denn die tätige Hoffnung ist die Kunst, das beschädigte Leben aufzurichten und das todbedrohte Leben zu verlebendigen.
In der Hoffnung wird das Leben nicht nur interpretiert, sondern

auch verändert. Die Frage, „wissen wir, was Leben bedeutet?", ist keine Frage der Integrierung unseres Wissens mehr, sondern die Herausforderung, durch die Praxis des Alltags Leben zu deuten. Wenn Liebe und Hoffnung die Grundhaltungen aus Glauben sind, dann sind Verstehen und Handeln nicht mehr getrennt. Wir leben aus dem geschärften Bewußtsein, die Bedrohungen und Defekte, Beschädigungen und Entfremdungen des Lebens als Mächte des Todes zu entdecken, die gegen die Hoffnung auf ein Neuwerden des Lebens kämpfen, aber in Christus bereits überwunden sind. Dies verändert Sinnhorizont und Motivation in der Praxis. Es verändert aber auch die Praxis selbst. Denn Leben zu deuten wissen, heißt dann auch, zum Leben ständig umzukehren, freier zu leben gegenüber dem, was Leben zerstört, mutiger gegenüber den möglichen Wirklichkeiten des Lebens, vertrauensvoller gegenüber dem Scheitern.

Die Frage, „wissen wir, was Leben bedeutet?", wird so zur Anfrage an unsere praktische Verantwortung gegenüber Konsumismus und Arbeitslosigkeit, gegenüber Umweltzerstörung und Rüstungsbedrohung. Das Leben deutet hier derjenige, der darin überzeugt, daß er das Leben liebt und daß er auf das Leben hofft. An den Christen ist es, nach der Eindeutigkeit dieses Zeugnisses zu suchen.

2. Wann beginnt das Leben eines Menschen? Theologische Thesen

„So wenig du weißt, wie das Leben kommt in die Wesen
im Mutterschoß, so kennst du auch nicht
das Walten Gottes, der alles bewirkt" (Pred 11, 5).

(1) Nach dem alltäglichen Bewußtsein beginnt das Leben eines Menschen mit der Geburt. Das Datum der Geburt ist jedenfalls als Auskunft auf diese Frage für viele Zwecke ausreichend.

(2) Wir wissen, daß das Leben eines Menschen *vor* der Geburt beginnt. Zunächst stellen wir fest, daß es Lebensfähigkeit vor der Geburt gibt, indem die Möglichkeit von Frühgeburten zeitlich immer weiter ausgedehnt wird. Sodann behandeln wir das werdende Leben wie eine Person, z.B. als Eltern, sobald wir von ihm wissen oder es sich bemerkbar macht.

(3) In theologischer Perspektive ist menschliches Leben nicht nur das Leben eines endlichen, begrenzten, sozialen Vernunftwesens, sondern das Leben eines in besonderer Weise von Gott angenommenen Geschöpfes. Das Leben eines Menschen ist daher nicht nur vor den Menschen, sondern auch vor Gott wichtig. Dies ist jedoch kein neues „ethisch relevantes" Argument, sondern nur eine Gewichtung der Verantwortung.
Die zeitliche Frage „*wann* beginnt das Leben eines Menschen?" ist jedoch theologisch problematisch. Denn Schöpfung ist als Akt Gottes kein Akt, der punktuell auf der Zeitlinie geschieht, sondern ein Akt, der zu jeder Zeit und in jedem Augenblick geschieht. Wir können nur sagen, was uns wann von diesem Akt zeitlich und leiblich als eigene Einheit erscheint.
(4) In Beantwortung der Frage, was uns in dieser Weise als Beginn des menschlichen Lebens erscheint, könnte man mit Aristoteles sagen: „... all das, was in sich selbst über das Prinzip der Entstehung verfügt, ist dem Vermögen nach dasjenige, was es – ohne daß ein Hindernis von außen dazukommt – durch sich selbst sein wird" (Met., Teta 7). Damit würden wir ein *potentielles* menschliches Leben anerkennen, das aufgrund der zu erwartenden Konsistenz und Kontinuität seiner Entwicklung mit *aktuellem* menschlichen Leben Identität aufweist.
(5) Die Frage, *wann* das Kriterium „in sich selbst über das Prinzip der Entstehung zu verfügen" als erfüllt zu betrachten ist, wird verschieden beantwortet. Die einen sagen, mit der Zygote als dem Träger des umfassenden Konzeptes des Lebens eines Menschen; die anderen sagen, mit der Ausdifferenzierung des embryonalen Zellgewebes; die dritten bringen neurobiologische, die vierten morphologische, die fünften pränatal-psychologische Erkenntnisse und Erwägungen ins Spiel. Offensichtlich hängt die Zeitfrage von einer Definition von Menschsein ab. Diese Definition kann aber nicht anders als strittig sein, sonst wüßten wir, wer der Mensch ist. Theologisch gesehen weiß nur Gott im ganzen um das Geheimnis Mensch, wenn wir auch Bruchstücke erfassen. Wenn aber die Geburt des Menschen signifikant ist, dann ist die Befruchtung ebenfalls signifikant.
(6) Alle Definitionen bewegen sich m.E. in einem hermeneutischen Zirkel, weil niemand definieren kann, ohne auf die Folgen seiner Definition für die Praxis zu sehen. Je mehr wir wissen, desto mehr müssen wir verantworten. Darum hängt die Frage „wann beginnt das Leben eines Menschen" auch von der Frage ab: liegt ein maxi-

maler oder ein minimaler Schutz potentiellen menschlichen Lebens in meinem Interesse, insofern sich mein Interesse auf diese oder jene Problemlösung richtet? Will ich maximal schützen, werde ich minimal definieren, und umgekehrt.

(7) Man kann „menschliches Leben" entweder maximal oder minimal definieren, und dazwischen liegen viele weitere Möglichkeiten. Wenn man eine maximalistische Definition vorschlägt, etwa: menschliches Leben besteht dort, wo der Mensch eigenständig Träger spezifisch menschlicher Handlungen sein kann, Träger von Handlungen also, die geistige Kompetenz voraussetzen, – dann besteht eindeutig die Gefahr, daß defizientes Menschsein nicht mehr schutzwürdig ist. Es gäbe dann Leben in äußerlich menschlicher Gestalt, das nicht eigentlich „menschlich" wäre: das Leben der Ungeborenen, der Geisteskranken, der Behinderten, der Verunglückten, der Nicht-mehr-Kommunikationsfähigen. Jede maximalistische Definition ist daher gefährlich, weil sie eine Unterscheidung zwischen eigentlichem und uneigentlichem Menschsein zu treffen hätte, die zu Lasten derer ginge, die sich nicht selbst zu helfen wissen.

Daher ist nur eine minimalistische Definition möglich: wo immer „menschliches Leben" noch vermutet werden kann, in welch defizienter Gestalt auch immer, da muß es schutzwürdig sein. Eine solche Minimaldefinition muß also auf das biologische Substrat potentiellen menschlichen Daseins zurückgreifen, das zugleich die minimalste menschliche Gestalt anzeigt und doch den größten gemeinsamen Nenner in den Voraussetzungen menschlichen Daseins bezeichnet. Die Frage ist freilich, ob eine biologische Definition des menschlichen Lebens mit naturwissenschaftlicher Exaktheit gegeben werden kann oder nicht doch eine Interpretationsfrage darstellt, die letztlich ihr Kriterium in praktischen und sittlichen Bedürfnissen findet.

(8) Die Existenz menschlichen Lebens kann nicht wie ein neutrales Faktum betrachtet werden; die Definition menschlichen Lebens ist vielmehr eine Definition in praktischer Absicht.

Mit dieser These nähern wir uns dem kritischen Punkt. Die Feststellung z.B., daß das menschliche Leben mit der Zeugung beginnt und mit dem natürlichen Tod endet, ist problematisch. Zunächst ist festzuhalten, daß biologisch keine Aussage darüber zu machen ist, wann menschliches Leben beginnt oder endet, ohne daß zusätzlich andere als rein biologische Kriterien eingeführt werden. Biologische Fakten sind stets interpretationsbedürftig, wenn es um die Menschlichkeit des Menschen geht. Sowohl am Lebensbeginn als auch am

Lebensende gibt es Prozesse, die, biologisch gesehen, ohne einschneidenden Bruch ablaufen. Die Zäsur entsteht erst, wenn die Menschlichkeit des Lebens definiert wird. Das gerade aber ist eine philosophische Frage, unter Umständen auch eine Frage der Weltanschauung, des Glaubens, der Ethik. Denn die Wahrheit über den Menschen, was er ist, woher er kommt, wohin er geht, kann man nicht an biologischen Prozessen ablesen.

Die Wissenschaften, in denen sich das Problem stets neu auf brisante Weise stellt, sind Medizin, Jurisprudenz und Ethik. Sie alle stehen unter dem Diktat der Klärung praktischer Entscheidungen; sie müssen zu „operationalisierbaren" Definitionen des Lebensbeginnes und Lebensendes beim Menschen kommen. Sie können dabei nie behaupten, das Geheimnis des menschlichen Lebens zureichend zu erfassen. Sie müssen zugeben, daß sie sich in einem unlösbaren Zirkel bewegen: sie definieren Leben in praktischer Absicht um einer therapeutischen Problemlösung oder um seiner Schutzwürdigkeit willen und brauchen umgekehrt diese Definition als Voraussetzung für diese Schutzwürdigkeit oder für eine Reduktion des Schutzes. Diesem Zirkel entkommt man nicht durch den Verweis auf naturwissenschaftlich verifizierbare Vorgänge. Denn was diese *bedeuten*, ist stets ein Problem anthropologischer Diskussion.

Daß das Leben des Menschen mit der Zeugung beginnt, kann bestenfalls über philosophische und theologische Erwägungen, die von der *Signifikanz* biologischer Prozesse ausgehen, begründet oder plausibel gemacht werden. Man darf die Gewährleistung fundamentaler Rechtsprinzipien nicht an Tatbestandskriterien ketten, die sich als schwer definierbar erweisen und letztlich auch der erforderlichen Faktenneutralität ermangeln, weil sie notgedrungen auf Definitionen in praktischer Absicht beruhen.

(9) Es hat immer eine theologisch-ethische Signifikanz biologischer Fakten bzw. des Erkenntnisstandes über diese Fakten gegeben. Weil gehandelt werden mußte, mußte gedeutet werden. Weil frühere Sachkenntnis falsch war, kann man sich heute nicht auf Deutungen der Tradition berufen. Das Traditionsargument steht in „gemischten" Urteilen immer auf schwachen Füßen.

(10) Wir sind nicht sicher, wann das Leben eines Menschen genau beginnt. Weil wir unsicher sind, sollten wir nicht den Fehler begehen, mit eventuell menschlichem Leben unmenschlich umzugehen. Gerade weil frühes menschliches Leben heute in einer Weise exponiert ist, die absolut neu ist, habe ich darauf zu achten, daß es an

der Achtung vor dem Leben eines Menschen so teilhat, daß *keine Diskontinuität dieser Achtung* entsteht. Ein gestufter Lebensschutz läuft Gefahr, die Kontinuität der Achtung vor dem menschlichen Leben zu zerstören.
Gerade weil der Mensch als Mitgestalter der Schöpfung und als Handelnder in einer Weise exponiert ist, die noch nie da war, müssen Menschen darauf achten, daß der Mensch als Handelnder seine eigene Geschöpflichkeit auch in der Ehrfurcht seines Umgangs mit der Schöpfung ausweist.
Es scheint mir letztlich auch nicht zulässig, noch in der Zukunft liegende, keineswegs sichere therapeutische Ziele mit dem realen Faktum gegebenen menschlichen Lebens abzuwägen, mit der Begründung, daß man nicht sicher sagen kann, ob hier das Leben eines (individuellen Menschen) vorliegt. Die einen sagen, die diskutierten höherrangigen therapeutischen Ziele seien nicht erreichbar, die anderen sagen, wenn sie erreichbar wären, wären die Probleme, die durch die Problemlösung entstehen, größer als die Probleme, die gelöst werden. Die eine Unsicherheit rechtfertigt nicht die andere.
Unsicherheit in der Frage „wann beginnt das Leben eines Menschen?“ ist eher ein Argument *für* als gegen die Ausdehnung des Lebensschutzes; Unsicherheit in den nur prognostizierten Zielen oder gar deren Zweideutigkeit ist eher ein Argument gegen als für die Abwägung des Faktums Leben mit der Potentialität von besserem Leben.

3. Einige Probleme der Abwägung

a. Rigorismus des Lebensschutzes – Eigenverantwortung der Frau?

Man findet in der Gesellschaft weitgehende Übereinstimmung darüber, daß Schwangerschaftsabbrüche gesenkt werden sollen, ohne daß die Eigenverantwortung der Frau übergangen wird. Wenn man aber den Menschen zu besserer Annahme des ungeborenen Lebens verhelfen will, konfrontiert man die Eigenverantwortung der Frau mit dem Ziel, das dem Schutz des Lebens und der beginnenden Würde der Person in jedem werdenden Leben entspricht.
Die Aussage, daß das Leben des Menschen „unantastbar“ sei, muß

keine Verabsolutierung bedeuten, wenn sie auf das ungeborene Leben bezogen wird. Der Bezug auf ungeborenes Leben macht die Unantastbarkeit nicht absolut, sondern sagt nur, wer ihr Subjekt ist. Die Frage: wer ist gemeint? und die Frage: ist das Rechtsgut Leben abwägbar? sind zwei verschiedene Fragen. Deshalb darf man nicht von der Einbeziehung des ungeborenen Lebens in die Unantastbarkeit des Lebens auf Rigorismus gegenüber den werdenden Müttern schließen. Die Selbstbestimmung der Frau in Fragen des Schwangerschaftsabbruchs kann nur dann entscheidend geltend gemacht werden, wenn dem ungeborenen Leben kein eigener Subjektstatus zuerkannt wird. Die Rechtsformel von Indikationen, die Straffreiheit begründen, ist keine moralische Qualifikation; sie hebt auch die Rechtswidrigkeit des Schwangerschaftsabbruches *an sich* (etwa im Falle der sozialen Indikationen) nicht auf. Die Beurteilung der Unrichtigkeit oder Richtigkeit von Handlungen muß man nicht auf die Personen ausdehnen, die diese Handlungen tun. Handlungen bleiben aber entweder richtig oder falsch, auch wenn die Not der Betroffenen die moralische Zurechenbarkeit dieser Handlungen erheblich einschränkt.

b. Wertentscheidung in praktischer Absicht

Die neuere entwicklungsbiologische Diskussion setzt sich mit der Behauptung auseinander, der Beginn des Lebens eines Menschen sei mit der Verschmelzung der Keimzellen bewiesen. Diese Behauptung geht von einem „Sprung" in der Entwicklung der Zellen aus, der entwicklungsbiologisch nicht signifikant ist. Sie ist jedoch für die Befürworter eines wirksamen und unteilbaren Embryonenschutzes nicht von Belang. Sie gehen vielmehr davon aus: ein unterscheidender Zeitpunkt zwischen dem Beginn menschlichen Lebens einerseits und dem Beginn des Lebens *eines* Menschen andererseits kann nicht bewiesen werden, und deshalb können wir den Lebensschutz nicht teilen.

Manche versuchen, solche Zeitpunkte plausibel zu machen: z.B. mit der Nidation beginne die Individuation. Sie gehen davon aus, die befruchtete Keimzelle sei noch kein Mensch, keine Person. Wer kann das beweisen, ohne in einen Zirkel der Argumentation zu geraten? Wenn man den empirischen Fehlschluß (vom Beschreibenden auf das Vorschreibende) ablehnt, dann ist mit den biologischen Be-

obachtungen weder die Behauptung: dies ist eine individuelle Person, noch die Behauptung des Gegenteils zu beweisen.
Wenn es, wie manche meinen, eine „Wertentscheidung" ist, wann und unter welchen Voraussetzungen man menschliches Leben das Leben eines Menschen zu nennen hat – ich nenne das eine „Entscheidung in praktischer Absicht" –, wie will man diese Wertentscheidung plausibel machen? Wer die Beweislast denen zuschiebt, die ungeteilt schützen wollen, weil sie in der Frage des Zeitpunkts keine absolute Sicherheit kennen, argumentiert aus einer Gewißheit heraus, die er seinerseits nicht beweisen kann. Die These, daß die Begriffe aus der Fachsprache dazu eingesetzt werden (Fötus, Embryo), um Unterschiede zu individuellem menschlichem Leben zu markieren, unterstellt der Fachsprache eine Wertentscheidung und läßt sich dann durch diese bestätigen. Das ist ein gefährlicher Weg: er könnte z.B. dazu führen, einen „moribundus" (Sterbender) nicht mehr für eine individuelle Person zu halten.
Der Hinweis auf die Sukzessivbeseelungstheorie bei Thomas von Aquin scheint manchmal als Autoritätsargument zu fungieren. Sollte dieser Theorie des Thomas jedoch eine Wertentscheidung zugrunde liegen, dann ist diese *Feststellung* kein Ersatz für die *Begründung*, ob diese Wertentscheidung richtig oder falsch ist.

c. *Moralische Toleranz und Konfliktfähigkeit in der Demokratie*

Zur moralischen Toleranz in der Demokratie gehört nicht nur der Respekt vor Personen, die eine andere Wertentscheidung treffen, sondern auch die Konfliktfähigkeit im Hinblick auf diese Wertentscheidung. Mit anderen Worten: Personen sind zu respektieren, die andere ethische Überzeugungen haben, aber in einer Demokratie kann jeder sich für seine Überzeugung gegen eine andere Überzeugung einsetzen. Es wird niemals Gesetze geben, die *jede* denkbare Wertentscheidung integrieren können. Ich sehe nicht, wie man in den bedrängenden Fragen des Lebensschutzes einem Gesichtspunkt wie etwa der „Wahrung des öffentlichen Friedens" einen so hohen Rang einräumen kann. Demokratie braucht den Konflikt um den Konsens, damit dieser weder erzwungen noch beliebig ist.
In den Fragen des Lebensschutzes geht es um das allgemein menschlich Richtige. Wenn ich von vornherein sage: ich habe als Christ ein nicht mehr kommunikables Partialethos, dann resigniere

ich vor dem Anspruch und der Aufgabe, andere davon zu überzeugen, daß ich das Rechte für alle will und daß ich der Meinung bin, dies sei auch grundsätzlich für alle einsehbar. Es mag dann sein, daß es im politischen Handeln mit Auswirkung auf die rechtliche Normierung zu praktischen – nicht zu ethischen! – Kompromissen kommen kann, die sich am geringeren von zwei faktischen Übeln orientieren. Die ethische Überzeugung schließt den praktischen Kompromiß nicht aus, aber dieser hebt die ethische Überzeugung nicht auf.
Der soziale Schutz der Frauen in schwierigen Situationen ist das wichtigste subjektive Element in der Sorge um das Leben. Aber die Sorge um das Leben bleibt ein objektives Ziel. In der Praxis muß ich diese Sorge immer konkret sehen, und diese Sicht unterscheidet sich vom Labor ethischer Kasuistik, auch wenn diese sich gerade um Praxisnähe bemüht. Je mehr Einzelfälle durch Regeln gelöst werden, um so mehr ungelöste Einzelfälle entstehen. Es geht hier nicht um Prinzipienmoral – auch wenn Prinzipien wie die Unantastbarkeit des Lebens sinnvoll sind und nicht aufgegeben werden dürfen –, es geht auch nicht um Mangel an Toleranz, es geht vielmehr um einen Dialog über den *richtigen* Weg für einen sicheren und wirksamen Lebensschutz. Meine Frage für diesen Dialog lautet: wie kann man sich für Teilbarkeit des menschlichen Lebens und Abstufung des Lebensschutzes aussprechen, wenn sich die Teilbarkeit und Abstufung zwischen menschlichem Leben und Leben eines Menschen nicht beweisen läßt? Wenn der Beginn des Individuums ein kontinuierlicher Prozeß ist, dann sollten wir im Zweifel *für* das gefährdete Leben optieren.

4. Schöpfung und Leben: Welchen Leitbildern folgen wir?

Ich bin davon überzeugt, daß es im Zusammenhang mit der Reproduktionsmedizin keine spezifischen theologischen Kriterien gibt, die nicht auch auf andere Weise der menschlichen Vernunft zugänglich wären. Wenn die Theologie trotzdem versucht, einige auch auf andere Weise zugängliche Kriterien in ihrer Kontur zu verdeutlichen und in ihrer Wirkung zu verschärfen, dann liegt es daran, daß Menschen nicht immer alle Zugangswege gehen, die ihnen möglicherweise zur Verfügung stünden. In diesem Zusammenhang ist es sicherlich wichtig zu sehen, welches Bild, welche Vorstellung wir haben, wenn wir von der Schöpfung und der Gestaltungsverantwortung vor der Schöpfung sprechen. Denn ich glaube, daß jede und jeder von uns eine solche Vorstellung in sich trägt.

Es gibt ein Gleichnis des Theologen Meister Eckhart (1260-1328)[3] zur Frage des Schöpfungsbildes. Dieses Gleichnis macht deutlich, daß es in einer Schöpfungstheologie, in einer Schöpfungsethik nicht darum geht, die letzte Kausalität der Schöpfung zu beweisen.

Meister Eckhart meint, man müsse sich die Schöpfung als einen ständig gegenwärtigen Vorgang vorstellen, der sich mit der Einstrahlung der Sonne auf die Erde vergleichen lasse, oder mit der Einstrahlung eines Lichtes auf das von ihm Beschienene. Dieses Bild entspricht offensichtlich einer ganz anderen Vorstellung als der Vorstellung von einer Kausalkette, wie sie in den Naturwissenschaften gebraucht wird. Nun ist es aber so, sagt Meister Eckhart, daß diese Einstrahlung des Lichtes zwar ständig stattfindet, aber nicht ständig dem Bewußtsein präsent sein kann. Nicht immer können wir im Lichte des Schöpfungsvorganges die geschaffenen Dinge und uns selber sehen, denn es gibt neben dem Licht des Tages auch das Dunkel der Nacht, und in der Nacht bleibt von dem Licht, das auf die geschaffenen Dinge scheint, nichts übrig außer der Wärme. Das Dunkel der Nacht ist die Normalsituation der Begegnung mit dem Grund, der hinter dem Entstehen der Dinge und des Lebens stehen könnte. Wir gelangen sozusagen über die „Restwärme" des Lichtes, um in diesem Bild zu bleiben, zu einer Vorstellung, die nicht über den Anfang der Evolution, sondern über die Gegenwart eines Prozesses nachdenkt. Diese Gegenwart eines Prozesses wird im Glauben so gesehen, daß Gott auf die Welt endlicher Wesen wirklich bezogen ist. Für das christliche Schöpfungsbild ist also wichtig, daß an die Stelle der Kausalität die Nähe tritt.

Welche Konsequenzen ergeben sich daraus? Es gibt verschiedene Schöpfungsbilder, die mit dieser Vorstellung in Konkurrenz stehen. Eine solche Vorstellung könnte man als „Biologismus" bezeichnen. Man spricht z.B. von einer vor- und außermenschlichen „Natur" und ihrer Determination, um damit zu beweisen, daß auch spezifisch menschliche Akte in der Art dieser biologischen Natur deter-

3 Vgl. Quint, Deutsche Werke, Bd. V, 36, 14ff und In Joh. n.70; vgl. dazu K. Ruh, Meister Eckhart, München 1985, 84f.

miniert seien – eine Position, die man weniger bei Naturwissenschaftlern vorfindet, wohl aber in der Theologie.
Eine zweite mit dieser christlichen Vorstellung von einem Schöpfungsbild der Nähe Gottes konkurrierende Vorstellung möchte ich als „Instrumentalismus" bezeichnen. Das heißt: der Mensch kennt im Umgang mit der Schöpfung nur eine Rücksicht, sich selbst. Die Aufteilung zwischen dem Menschen und seiner biologischen Natur, in die der Mensch dann selbst als „Körper" einbezogen ist, führt zu diesem instrumentellen Umgang.
Das dritte mit dem christlichen Schöpfungsglauben konkurrierende Bild ist die Vorstellung der von einem Zentrum her beherrschten Schöpfung, der „Zentrismus". Es spielt dabei keine Rolle, ob von einer „Physiozentrik" oder von einer „Anthropozentrik" ausgegangen wird, wobei beide Positionen sich letztlich in der Gestaltungsverantwortung sehr nahe kommen. Vielmehr geht es darum, daß überhaupt im Schöpfungsbilde von Mittelpunkt und Peripherie gedacht wird, als wäre dies die einzige Vorstellungsmöglichkeit, in der wir uns die Gegebenheit des Geschaffenen sinnvoll ordnen können. Wir können die Schöpfung sehr viel leichter mit dem Bild eines Miteinanders oder mit dem Bild eines Kontinuums in Verbindung bringen. Ein solches Bild zeigt, wie die verschiedenen Geschöpfe ineinander verflochten und verwoben und zugleich in ihrer Unterschiedlichkeit bestimmt sind.
Gängige Vorstellungen, die mit dem Begriff der Schöpfung verbunden sind, müssen also nicht notwendigerweise vom christlichen Glauben her gegeben sein. Der Glaube will nichts anderes zum Ausdruck bringen, als daß Schöpfung geschieht, nicht daß Schöpfung irgendwann einmal in die Wege geleitet worden ist und dann „allein" ist, entweder als solche dann den Menschen bestimmend oder vom Menschen als solche bestimmt, jedenfalls in irgendeiner Weise auf ein Entscheidungszentrum hingeordnet.
Aus diesen Überlegungen ergeben sich einige Fragestellungen, die sich an Naturwissenschaft und Technik richten.
(1) Geht es darum, in der Anwendung von Forschung den Sinn der Schöpfung erst zu machen, oder geht es darum, den Sinn aufzufinden? Viele unserer Vorstellungen in Naturwissenschaft und Technik sind davon bestimmt, daß wir mit der Anwendung der Grundlagenerkenntnisse zugleich das produzieren müssen, worauf sie hingeordnet werden: den Sinn des Lebens, den Sinn der Natur. Kann, so lautet die Frage, dieser Sinn nicht auch etwas sein, was wir vorfin-

den und auffinden, was schon vor uns da ist? Anders ausgedrückt: Haben die Menschen nur eine Gestaltungsverantwortung *für* die Schöpfung, oder haben sie auch eine Gestaltungsverantwortung *vor* der Schöpfung?

(2) Ohne Zweifel benutzten wir die Schöpfung, soweit wir können, als Instrument zur Gestaltung unseres Daseins. Ist aber Schöpfung nur Mittel oder auch Zeichen eines Zieles? Ist die Schöpfung in sich selber *signifikant*? Wenn man davon ausgeht, daß in ihr auch Sinn *aufgefunden* werden kann, daß nicht bloß der Zufall in ihr sein Spiel treibt – sonst müßte man auch annehmen, daß alles, was vom Personzentrum des Menschen her entschieden wird, letztlich selbst diesem Zufall noch einmal evolutionär unterliegt –, müssen wir uns vom Schöpfungsbild her fragen: Welche Signifikationen sind möglich?

Es gibt niemanden anderen in der Welt als den Menschen, der diese Signifikationen der Natur, auch in der vormenschlichen Schöpfung, wahrnehmen könnte. Auch im vorbewußten menschlichen Leben, z.B. bei Embryonen, ist es nur dem entwickelten Menschen unter Gebrauch seiner seelischen und vernünftigen Möglichkeiten gegeben, Kennzeichnungen des Menschlichen oder auch Kennzeichen des Erhaltenswerten, des Schutzwürdigen in diesem nicht zur Selbstinterpretation fähigen menschlichen Leben zu entdecken.

Wir haben also die Entscheidung zwischen einem instrumentellen und einem „signifikativen" Schöpfungsbild zu treffen. Wenn wir in den Prozeß der Signifikation eintreten, also bestimmte Merkmale, die uns von der Natur her gezeigt werden, von unserer eigenen Seelenlage und von unserem eigenen vernünftigen Verstehen her interpretieren, dann müssen wir in diesem Prozeß nicht einfach als endliche Wesen fehlgehen. Denn dieser Prozeß des Sinnverstehens ist uns anvertraut, wenn der theologische Schöpfungsmythos die Welt richtig versteht. Das bedeutet zugleich auch, daß wir zu den Erkenntnissen, die wir in diesem Prozeß des Ablesens der Zeichen der Natur oder der Menschlichkeit in vorbewußten, nicht zur Selbstinterpretation fähigen menschlichen Lebewesen gewinnen, auch ein gewisses Zutrauen haben dürfen.

(3) Die dritte Frage lautet: Geht es, vom Schöpfungsbild her gesehen, um „Fortschritt", oder geht es um Metamorphose, um Gestaltwandel? Wir sind uns vielleicht bewußt, daß es einen Fortschritt im ganzen nicht gibt. Es wäre ein durch die aktuellen Grenzerfahrungen widerlegter Mythos, einen Fortschritt im ganzen anzunehmen.

Wir können Fortschritt immer nur als einzelnen beschreiben, und wir wissen ja auch aus den Grenzerfahrungen der Vergangenheit, daß es Fortschritt immer nur in der Begleitung von Gefahren und Rückschritten gibt. Aber es gibt den Fortschritt im einzelnen. Wie ist es aber im ganzen? Ist das Ganze eine Metamorphose der „Natur", wie sie Goethe beschreibt:

„Natur – wir sind von ihr umgeben und umschlungen –, unvermögend, aus ihr herauszutreten, und unvermögend, tiefer in sie hineinzukommen. Ungebeten und ungewarnt nimmt sie uns in den Kreislauf ihres Tanzes auf und treibt sich mit uns fort, bis wir ermüdet sind und ihrem Arm entfallen.

Sie schafft ewig neue Gestalten, was da ist, war noch nie, was war, kommt nicht wieder, alles ist neu und doch immer das Alte" (Fragment „Die Natur", 1783). Gewiß ist diese Vorstellung von der Metamorphose dem „Deus sive natura" Spinozas verhaftet; darauf möchte ich hier nicht eingehen. Worauf es mir ankommt, ist, ob wir dem Fortschrittsbild, das wir ständig auf unseren Alltag, der von den Errungenschaften der Naturwissenschaft und der Technik bestimmt wird, anwenden, nicht doch auch eine andere Möglichkeit des Schöpfungsbildes, den Gestaltwandel, gegenüberstellen sollen. Die Fundamentalethik der Theologie sieht ihren Ansatz darin, Bilder durch Bilder zu korrigieren oder, wie Heinrich Seuse (1300-1361) es genannt hat, Bilder durch Bilder „auszutreiben".

Offensichtlich konkurriert mit dem Leitbild des gefährdeten Schöpfungsfriedens ein reales Leitbild des möglichen, des machbaren besseren Schöpfungsglückes. Angesichts dieser Konkurrenz zwischen einem theologischen Bild des eschatologischen Schöpfungsfriedens, den Menschen nicht herstellen können, und dem Risiko-Ethos von Wissenschaft und Technik auf dem Weg zu Zielen, die im einzelnen durchaus verständlich sind, bleibt der theologische Bezugspunkt einer humanen Ethik eine ständige Provokation, nicht nur über unsere Begriffe, sondern auch über unsere Bilder und Vorstellungen nachzudenken.

Fünftes Kapitel
Fruchtbarkeitstechnik in der Diskussion

1. Ethische Grundfragen der Fortpflanzungstechnologie und der Humangenetik*

a. Abgrenzungen des Themas

Es gibt eine Reihe allgemeiner ethischer Grundfragen, die durch die Entwicklung der Reproduktionsmedizin und der Gentechnologie in besonderer Weise berührt werden. Dabei geht es um die Begründungsproblematik für einschlägige ethische Kriterien, um die richtige Methode in der Begründung ethischer Urteile, um die Ethik der Wertdurchsetzung oder auch um weniger formale und metaethische Fragen wie die Verantwortung der Wissenschaft oder – im theologischen Kontext – die Schöpfungsverantwortung des Menschen.

Ich werde der Versuchung widerstehen, zu diesen Fragen eine Grundsatzposition zu entwickeln, um die Gefahr zu vermeiden, daß die konkreten ethischen Entscheidungsfragen zum Material für die Illustration der Metaethik verkommen. Dies bedeutet, daß ich mich dafür entscheide, eine Reihe von ethischen Maximen zur Fortpflanzungstechnologie und zur Humangenetik durchzugehen, um dabei bis zu konkreten Forderungen einer ethischen Beratung vorzustoßen.

Auf der anderen Seite erlaubt es das breit gestellte Thema nicht, in den einzelnen Problemfällen im Sinne von Fallstudien zu verfahren, d.h. mit kasuistischer Methode alle einschlägigen Möglichkeiten zu durchdenken. Gesucht wird daher eine Linie mittlerer Axiome, die weder bei formaler Allgemeingültigkeit zurückbleiben, noch bis zur Analyse jedes denkbaren Falles vorstoßen.

Dieses Erkenntnisinteresse beeinflußt die Methode des Vorgehens.

* Zuerst veröffentlicht in: H.L. Günther/R. Keller (Hg.), Fortpflanzungsmedizin und Humangenetik – strafrechtliche Schranken?, Tübingen 1987, 23-36.

Nach der Exposition des Problems kommt es vor allem darauf an, die ethische Entscheidungsproblematik auf den zentralen umstrittenen Punkt zu bringen. Wo dies nötig ist, sind dabei kurz die Denkvoraussetzungen zu skizzieren.

Zu den Abgrenzungen des Themas gehört eine Bestimmung des Verhältnisses von Ethik und Recht. Ich gehe dabei von den Thesen aus, die ich in einem anderen Zusammenhang entfaltet habe.[1] Demnach unterscheiden sich Recht und Ethik nicht graduell, sondern nach ihrer spezifischen Zielsetzung. Dennoch gibt es formale Analogien in der normativen Logik der Begründung des Richtigen. Ferner gibt es eine beiderseitige Beziehung: Recht ist zwar keine logische, wohl aber eine empirische Voraussetzung von sittlicher Praxis und sittlicher Reflexion; umgekehrt bleibt Recht auf Ethik bezogen, nicht weil es Sittlichkeit voraussetzt, sondern weil es sich auf Voraussetzungen bezieht, die auch für Sittlichkeit konstitutiv sind: der Mensch als endliches, soziales und vernünftiges Wesen. Unter diesen Voraussetzungen hat die ethische Beratung nicht primär die Konstituierung von Rechtsnormen zum Adressaten, sondern die in den verschiedenen Bereichen mitverantwortlich handelnden Personen, deren freie Stellungnahme zur ethischen Beratung vorausgesetzt wird. Das ändert aber nichts daran, daß, insofern die Verantwortung für das Recht auch eine ethische Verantwortung darstellt, jeweils überlegt werden muß, wo zu ethischen Argumenten Gründe für die Gestaltung des Rechtes hinzutreten.

Schließlich hat die ethische Beratung in der Gesellschaft stets eine kritische Aufgabe. Der Bedarf nach ethischer Reflexion ist selber schon ein Indiz dafür, daß im Ist-Zustand bzw. in seiner prognostischen Verlängerung Kriterien des Sollens uneindeutig werden, in die Krise geraten. Die ethische Reflexion lebt sozusagen von ihrer eigenen Krise. Diese Krise, die zur kritischen Unterscheidung herausfordert, beginnt mit der Verschiebung von Wertorientierungen, so daß sich auch im Bereich von Fortpflanzungstechnologie und Humangenetik diese Verschiebung stets als erstes ethisches Thema anbietet.

1 J. Gründel (Hg.), Recht und Sittlichkeit, Freiburg 1982, 125-139.

b. *Verschiebungen in der Wertorientierung*[2]

Die jeweilige Isolierung wissenschaftlicher Einzelerkenntnisse, technologischer Verwertungszusammenhänge und zum Teil auch ökonomischer Nutzenserwägungen bringt eine „Verblendungsgefahr" (F. Böckle) mit sich. Das Pathos, mit dem ein „goldenes Zeitalter der Humangenetik" (Berliner Kongreß 22.-26.9.1986) angesichts berechtigter Einzelhoffnungen beschworen wird, wirkt auf die Wertorientierung ein und kann zur Ausblendung von Risikofaktoren oder zur Euphorie in ihrer Begrenzbarkeit führen. Daher sind ein paar einfache Beobachtungen nötig, die den Zusammenhang von wissenschaftlicher Innovation und der Verschiebung von Wertorientierungen deutlich machen.

Die Elternschaft[3]

Unter der Voraussetzung, daß die Integrität von Ehe und Familie eine Wertorientierung darstellt, entsteht eine ethische Krise, wenn der Kinderwunsch entweder den Vater oder die Mutter als Person ausklammert, d.h. sie auf biologische Spender des Samens oder des Eies (im Falle der Ersatzmutter) reduziert. Diese Krise der Wertorientierung wird verstärkt, wenn der eheliche Zusammenhang der Reproduktion, sei es durch den heterologen Spender, sei es durch die Leihmutterschaft mindestens relativiert wird. Eine weitere Verstärkung stellt das Problem der Anonymität der verschiedenen Donoren dar.

Die allmähliche Entwicklung der technologischen Umsetzung wissenschaftlicher Möglichkeiten bringt es mit sich, daß solche Probleme bereits faktisch zu Verschiebungen in der Verantwortungspraxis führen, für die sich dann auch Gründe geltend machen las-

2 Einige allgemeine Literaturhinweise: W. Kerber (Hg.), Säkularisierung und Wertewandel in Europa, München 1985; H. Klages/P. Kmiecek (Hg.), Wertewandel und gesellschaftlicher Wandel, Frankfurt/New York 1979; W. Lepenies, Das Ende der Naturgeschichte. Wandel kultureller Selbstverständlichkeiten in den Wissenschaften des 18. u. 19. Jahrhunderts, München 1976; A.M. Baumgartner/B. Irrgang (Hg.), Am Ende der Neuzeit? Die Forderung eines fundamentalen Wertewandels und der Probleme, Würzburg 1985.

3 Die Instruktion der Kongregation für die Glaubenslehre „Über die Achtung vor dem beginnenden menschlichen Leben und die Würde der Fortpflanzung" (10.3.1987) engt leider die Würde der Elternschaft ganz auf den Zeugungsakt ein.

sen. Z.B. ist es möglich, die Ausklammerung der ganzen Person eines Elternteiles kompensatorisch zu betrachten: die Intensität des Kinderwunsches bei einem Paar steht für eine Intensität personaler Begegnung gleichsam außerordentlicher Art. Dieses Argument kann man öfter von beteiligten Ärzten hören. Außerdem kann mit Recht gesagt werden, daß der eheliche Zusammenhang der Reproduktion eher idealtypisch als empirisch gemeint sei, jedenfalls seine allgemeine Verbindlichkeit als Wertorientierung zur Disposition stehe.

Nun gehört es zu den geschichtlichen Erfahrungen mit der immanenten Logik einer ethischen Krise, daß sich stets die Intensität einer Erfahrung, die nicht die Regel ist, gegen eine institutionell verankerte Wertorientierung richtet. Die ethische Frage ist hier freilich nicht: kann man dies im Einzelfalle tolerieren, sondern: welchen Anspruch auf Allgemeingültigkeit kann diese Verschiebung erheben? Die Ausnahme bleibt ja dort keine Ausnahme, wo Bedürfnisse sozialstaatlich anerkannt werden.

Die ethische Krise der Elternschaft wird noch pointierter, wenn die Intensität des Kinderwunsches wichtiger wird als andere einschlägige Wertorientierungen: drückt sich im Kinderwunsch ein persönliches Recht oder aber ein Elternrecht aus; ist die Intensität des Wunsches ein Anspruchsgrund für soziale Garantien; ist es richtiger, die Behinderung der Erfüllung des Kinderwunsches präventiv oder konsekutiv anzugehen? Wenn solche Fragen alle zugunsten der individuellen Intensität des Kinderwunsches entschieden werden, wird dann nicht das Kind zum Mittel individueller Selbstverwirklichung oder auch u.U. zum Mittel sozialer Anerkennung?

Der Kern der Verschiebung der Wertorientierung in der Elternschaft liegt also entweder in der Instrumentalisierung anderer einschlägiger Werte oder aber in ihrer Kompensierung durch die Intensität des sich immer stärker individualisierenden Kinderwunsches. Man mag diese Verschiebung unterschiedlich bewerten, aber zunächst einmal kommt es darauf an, sie zur Kenntnis zu nehmen. Es läßt sich kaum feststellen, daß dies in der auf persönliche Intensität fixierten Wertorientierung der Reproduktionsmedizin zureichend der Fall ist. Bis zu einem gewissen Grad wirkt hier auch das persönliche Bewußtsein des Helfens als isoliertes ethisches Gefühl. Man wird den Eindruck nicht los, daß die Verblendungsgefahr der technologischen Isolierung durch die Verblendungsgefahr der Isolierung des therapeutischen Zusammenhanges verstärkt wird. Gerade auf diesen therapeutischen Zusammenhang ist aber ein präziser Blick zu richten, wenn es um die Verschiebung von Wertorientierungen geht.

Krankheit und Therapie[4]

Daß es in der Medizin um die Heilung von Krankheiten geht, scheint eine Binsenwahrheit. Gewiß sind die Grundbegriffe Krankheit und Gesundheit pragmatische Standards, über die sich auf metatheoretischer Ebene diskutieren läßt. Aber das ändert nichts an ihrem Geltungsanspruch.

Die Medizin hat freilich schon bisher Randgebiete entwickelt, die eine Ausdehnung der pragmatischen Standards verlangen: die kosmetische Chirurgie oder die Geschlechtsumwandlung trotz biologischer Eindeutigkeit der Geschlechtszugehörigkeit. In diesen Grenzgebieten bedarf die Zuordnung der Fälle zur Indikation einer Krankheit jeweils zusätzlicher Überlegungen. Dies ist auch mutatis mutandis bei der Reproduktionsmedizin der Fall. Die Zuordnung einer Behinderung des Kinderwunsches zum Therapiebedarf setzte zunächst einmal die „Therapiefähigkeit" voraus. Nun scheint es so, als verschiebe die Therapiefähigkeit den Therapiebedarf, soweit dieser als Bedürfnis durch das Angebot nicht nur „abgeholt", sondern auch „geweckt" werden kann. Sicherlich handelt es sich hier zunächst um eine sehr spezifische und nicht ohne weiteres verallgemeinerbare Verschiebung, denn nicht alles, was medizinisch gemacht werden könnte, wird auch nachgefragt.

Dennoch liegen auch in dieser spezifischen Verschiebung Probleme, die eine Krise der Wertorientierung mit sich bringen. Die Therapie der – hauptsächlich eileiterbedingten – Unfruchtbarkeit setzt voraus, daß die phänotypisch vorgegebene oder biographisch erworbene Unfruchtbarkeit als eine Behinderung der Person (oder gar einer Institution) definiert wird. Ein analoger Fall liegt vor, wenn die vorgegebene Fruchtbarkeit als Behinderung interpretiert wird, d.h. bei Sterilisierungswünschen. Fertilität und Sterilität können also – unter Voraussetzung der Therapiefähigkeit – wie Krankheiten behandelt und geheilt werden. Auch zu dieser Beobachtung wird man mit Recht sogleich hinzufügen, daß es extreme Intensitätsformen der

4 Vgl. etwa: M. Regus, Natur und Gesellschaft in der Entwicklung der Medizin als Wissenschaft, in: Seminar Medizin, Gesellschaft, Geschichte, hg. v. H.v. Deppe u. M. Regus, Frankfurt a.M. 1975, 29-73.

Behinderungserfahrung durch Fertilität (etwa beim Triebtäter oder bei Erbkrankheiten) und der Sterilität (die schon erwähnte Intensität des Kinderwunsches) gibt. Dies mag dann im Bereich der Selbstverantwortung der Beteiligten zu klären sein und bedeutet noch keine Verschiebung allgemeiner Wertorientierungen.
Das Problem der spezifischen Verschiebung liegt auf zwei Ebenen. Die eine Ebene ist die Verwandlung eines anerkannten menschlichen Bedürfnisses, des Kinderwunsches, in einen Anspruch an die Medizin und an die sozialen Garantien, die die Gesellschaft für die medizinische Versorgung gibt. Dies setzt gleichsam voraus, daß die Priorität in den einschlägigen Wertorientierungen in einem verallgemeinerbaren Sinne – was Einschränkungen nicht ausschließt – bei der Intensität des Bedürfnisses liegt. Damit aber wird das kommunikative Miteinander, das etwa zwischen Mutterschaft und Kindsein liegt, in das individuelle Bedürfnis nach dem Kinde verschoben.
Auf der zweiten Ebene wird anwachsende Sterilität vom Ursachenproblem zur Therapie verschoben. Das ist freilich (nicht nur in diesem Fall) nicht als Alternative zu verstehen: Präventivmedizin und Konsekutivmedizin sind sich ergänzende Bereiche. Das Problem liegt auch hier in der Prioritätensetzung, die das Recht auf das eigene Kind unter das Recht auf „Nicht unnütz zu leiden" (Menschenrechtskommission des Europarates 1977) subsumiert.
Das Problem liegt also hier darin, daß Bedürfnissituationen zu Krankheitssituationen, daß Bedürfnisartikulationen zu Anspruchsfaktoren werden. Auch diese Beobachtungen kann man durchaus verschieden bewerten, aber es kommt darauf an, sie als solche wahrzunehmen.

Das menschliche Leben[5]

Daß das menschliche Leben zu schützen und zu fördern sei, ist wiederum formal eine einschlägige ethische Wertorientierung. Diese Wertorientierung kann jedoch ganzheitlich oder teilbar verstanden werden. Wird sie ganzheitlich verstanden, dann gilt die Unteilbarkeit von menschlichem *Leben* und *menschlichem* Leben und die Unteilbarkeit des Lebensprozesses von seiner frühesten Vermutung oder Wahrscheinlichkeit bis zu seiner spätesten Feststellbarkeit. Ganz-

5 Vgl. F. Böckle, Grundlagen einer Ethik des Lebens, in: Stimmen der Zeit, Sonderdruck aus Heft 8 u. 12 (1982), Freiburg 1983, 15-31.

heitliches Verständnis bedeutet dabei nicht etwa absolutes Verständnis, daß also etwa das Leben als das höchste Gut zu betrachten sei. Es schließt ferner die kommunikativen Bedingungen des menschlichen Lebens mit ein.

Die Teilbarkeit der Wertorientierung am menschlichen Leben ist dann zu beobachten, wenn zwischen dem Leben des Menschen und seinem biologischen Substrat unterschieden wird oder wenn der Lebensprozeß in vormenschliche, menschliche und nachmenschliche Stadien eingeteilt wird.

Dabei ist noch einmal zwischen einer pragmatisch tolerierten Teilbarkeit und einer selektionierenden Teilbarkeit zu unterscheiden. Wenn etwa im Kontext rechtspragmatischer Erwägungen zum Schwangerschaftsabbruch die befruchtete Eizelle vor der Innidation von einem Lebensbeginn mit dem Innidationsvollzug abgehoben wird, dann handelt es sich um medizinisch-pragmatische Erwägungen, wie sie in Grenzsituationen des Lebensbeginnes und Lebensendes notwendig sind, aber nicht um wissenschaftliche Definitionen, welche die Ganzheitlichkeit ausschließen. Freilich wirken solche Erwägungen faktisch auch außerhalb ihres pragmatischen Kontextes weiter.

Eine Definition menschlichen Lebens ist mit Wahrheitsanspruch nicht möglich, sondern immer nur in begrenzter praktischer Absicht. Daher unterliegt jede Definition hier dem hermeneutischen Zirkel: es wird definiert, weil man in bestimmter Weise handeln will, und man handelt dann so, weil in bestimmter Weise definiert worden ist.

Die Verschiebung einer ganzheitlichen Wertorientierung gegenüber dem menschlichen Leben wird jedoch um so größer, je mehr pragmatische Erfordernisse von Teildefinitionen auftreten. In diesen Bereich der Ausweitung gehören die Umstände der Reproduktionsmedizin mit ihren verschiedenen Möglichkeiten, mit in vitro fertilisierten frühen Embryonen umzugehen. Der Verlust solcher Embryonen bei der Transfermethode, das Überlebensrisiko der nichttransferierten Embryonen, auch das Überlebensrisiko der transferierten Embryonen, die Möglichkeiten des Experimentierens – all dies schließt ein Gefälle zur Teilbarkeit einer ganzheitlichen Wertorientierung in sich ein, das ebenfalls als solches erst einmal wahrgenommen sein muß, ehe man sich bewertend dazu stellt. Damit wenden wir uns diesen Bewertungsfragen im einzelnen zu.

c. *Ethische Grenzen in Reproduktionsmedizin und Humangenetik*

Der Begriff „ethische Grenze"

Die ethische Grenzziehung ist nicht mit juridischen Grenzziehungen zu verwechseln. Die subsidiäre Aufgabe des Strafrechtes, seine Bindung an besondere Rechtsgründe, an Strafwürdigkeit, Strafbedürftigkeit und Straffähigkeit, ist viel enger gefaßt als eine ethische Beratung sehr verschiedener Träger der Verantwortung. Ethische Grenzen können mehr in Faustregeln gefaßt sein, die man im Anschluß an Kant auch Maximen nennen könnte; sie können aber auch normative Problemlösungen sein, die unter Rücksicht auf die einschlägigen Bedingungen bestimmter Fälle formuliert sind. Uns kommt es hier, weil wir keine Fallstudie vorlegen, mehr auf die Faustregel im Sinne eines mittleren Axioms an. Eine allgemeine Faustregel gegenüber der wissenschaftlich-technischen Innovation, wie wir sie hier vor uns haben, könnte etwa lauten: kein wissenschaftlicher und technischer Fortschritt sollte so realisiert werden, daß die Probleme, die er erzeugt, größer sind als die Probleme, die er löst. Eine solche Regel stellt eine ethische Grenze dar, die per definitionem evident ist, weil sie sich auf die Grundregel zurückführen läßt: das Böse ist zu lassen. Das ändert freilich nichts daran, daß uns die Anwendung dieser Regel vor mindestens zwei Probleme stellt: die Vergleichbarkeit der Güter und die Bewertungskriterien für ihre Abwägung. In beiden Fällen geht es um eine Feststellung und Bewertung der jeweiligen Folgen. Kriterien der Folgenbewertung braucht man in jedem Fall, mit einer reinen Folgenabschätzung ist es nicht getan, denn Folgen bewerten sich nicht selbst.
Jedes mittlere Axiom für eine ethische Grenze steht also zwischen Regeln mit bloß formaler Allgemeingültigkeit („die Würde des Menschen ist unantastbar") und konkreten Normen. Es wird gleichsam als Vorschlag in den öffentlichen ethischen Diskurs eingebracht, in welchem handhabbare Konsense für die verschiedenen Träger der Verantwortung gesucht werden.

Eine leitende Maxime im Bereich der Reproduktionstechnologie: *Die beteiligten Personen sollten im Hinblick auf ihre personalen Beziehungen identifizierbar bleiben*

Bei dieser Maxime werden einige Voraussetzungen gemacht, die der

Begründung bedürfen. Eine erste Voraussetzung besteht in einem Menschenbild, wonach Person und personale Beziehung nicht voneinander zu trennen sind. Die geschlechtliche Lebensgemeinschaft auf Dauer hat eine kommunikative Bedeutung für das Selbstverständnis von Mann und Frau als Gatten. Die Kindschaftsbeziehung hat eine kommunikative Bedeutung für das Selbstverständnis von Mutter und Vater. Dieses Menschenbild, das Person nicht unabhängig von ihren Beziehungen definieren kann, ließe sich psychologisch auch als „solidarische Ich-Identität" (L. Krappmann) bezeichnen. Die Begründung der Richtigkeit dieses Menschenbildes liegt darin, daß die beiden Grundanforderungen an die Identität die Erfahrung von Kontinuität und Konsistenz darstellen. Beides ist aber nicht allein durch das Selbstverständnis des Menschen zu definieren.

Wenn diese Voraussetzung richtig ist, dann sind Vaterschaft, Mutterschaft und Kindsein nicht nur biologische Reduktionen und nicht nur soziale Teilfunktionen, die beliebig einschränkbar sind, sondern es handelt sich um personale Beziehungen, die als solche identifizierbar bleiben müssen. Für die Reproduktionstechnologie bedeutet dieser einschlägige Grundsatz konkret, daß anonyme, d.h. biologisch reduzierte Vaterschaft ethisch ebenso unverantwortlich erscheint wie die Leihmutterschaft und daß gegen die heterologe Insemination zumindest schwere Bedenken bestehen, die um so mehr zunehmen, als man die Ehe als ganzheitliche personale Einheit versteht. Es ist freilich sogleich hinzuzufügen, daß dieses mittlere Axiom nicht alle Grenzfallprobleme löst. Für die ethische Perspektive liegt freilich eine große Gefahr darin, von extremen Grenzfallsituationen auszugehen, um zu verallgemeinerbaren Urteilen zu gelangen. Der Ethiker hat auch eine Verantwortung gegenüber einer in meinen Augen falschen Anpassung an die in Naturwissenschaft und Technik übliche und richtige Ausdifferenzierung und Detaillierung der Probleme. Beantwortet die Ethik die Sachkasuistik mit persönlicher Kasuistik, dann wird sie fortschreitend unfähig, überhaupt noch übergreifende verbindliche Axiome zu formulieren.

Das genannte Axiom läßt sich auch auf das Kindschaftsverhältnis anwenden. Daraus ergibt sich, daß Kinder das Recht darauf haben, ihre Eltern zu kennen, ja sogar einen relativen Anspruch darauf, daß zwischen ihren Eltern eine Beziehung besteht. Wenn das Kindschaftsverhältnis nicht nur eine biologische, sondern eine personale Relation darstellt, wenn die gesamte sozialpsychologische Wissenschaft Bedingungen für die Personwerdung bzw. für das Gelingen

der Identität von Kindern formuliert, die diese personale Relation als begünstigenden Faktor einschließen, dann kann die personale Relation nicht auf das biologische System reduziert werden.
Wird unter diesen Voraussetzungen das allgemeine Axiom herangezogen, daß wissenschaftlich-technische Innovationen so realisiert werden sollten, daß die Probleme, die erzeugt werden, nicht größer sind als die Probleme, die gelöst werden, dann ist in der Fortpflanzungstechnologie inhaltlich abzuwägen, ob und wie sie so gestaltet werden kann, daß die Identifizierbarkeit personaler Beziehungen ein zentrales Kriterium darstellt, das mit der Erfüllung des Kinderwunsches abgewogen wird. Das Personale darf dabei nicht zu einer bloßen Randbedingung einer technischen Problemlösung verkommen. Es darf auch nicht auf die individuelle Selbstverwirklichung reduziert werden, bei der die Beziehung der Beteiligten (Vater und Mutter sowie die Kindschaftsbeziehung) nur noch als Mittel zu diesem Zweck erscheint. Die Reproduktionstechnik riskiert die Aufspaltung, die Funktionalisierbarkeit und die Instrumentalisierbarkeit der personalen Beziehungen, indem durch sie die Elternschaft teilbar wird, ein biologischer Vater mit einem sozialen Vater, zwei biologische Mütter (Eizelle und Uterus) und eine soziale Mutter sowie mehrfache Kindschaftsverhältnisse möglich werden. Nur durch klare Grenzziehungen gegenüber dieser Ausdifferenzierung, die zudem einem auf Integrierung angelegten Kindsein entschieden widerspricht, wird die Reproduktionsmedizin als Problemlösung tolerierbar.[6]

6 Diese klare Grenzziehung findet sich in der Instruktion der Glaubenskongregation (vgl. Anm. 3). Die positiven Seiten und das Problem dieses Textes werden von Hansjakob Stehle in der „Zeit", Nr. 12 v. 13.3.1987, S. 1, klar auf den Punkt gebracht: „Auch wer an Kirchenlehren zweifelt, wird der obersten römisch-katholischen Glaubensbehörde zustimmen, die am Dienstag verkündete: ‚Was technisch möglich ist, ist nicht auch deshalb schon moralisch akzeptabel.' Mit Verständnis weit über Kirchenmauern hinaus kann Kardinal Ratzingers ‚Instruktion über die Achtung vor dem beginnenden Leben und die Würde der Fortpflanzung' auch rechnen, wenn sie biologisch-medizinische Experimente mit Embryos und Keimzellen als kriminelle Entartung menschlichen Fortschrittsdranges einstuft. Warum aber soll jede Art von künstlicher Befruchtung, sogar die ‚homologe' (bei Beteiligung nur der beiden Ehepartner) verwerflich sein? Weil, so heißt es in dem Papier, eine Zeugung ohne Geschlechtsakt das Kind seines Rechtes beraube, ‚Frucht der Elternliebe' im sexuellen wie im seelischen Sinne zu sein. Die negative Fixierung auf Sex, die katholischer Moral oft vorgeworfen wird, schlägt hier ins Positive, nämlich in Überschätzung um: ohne Koitus keine moralisch erlaubte Fortpflanzung. Als ob für das Kind, für seine

Eine leitende Maxime im Bereich des Embryonenschutzes: *Menschliches Leben ist als fundamentaler und ganzheitlicher Wert zu achten und zu fördern*[7]

Auch für dieses mittlere Axiom sind Voraussetzungen zu begründen. Die Bestimmung des menschlichen Lebens als fundamentaler Wert bedeutet weder, daß menschliches Leben ein absoluter noch, daß es der in jedem Abwägungsfalle höchste Wert ist. Vielmehr soll mit dieser Bestimmung festgehalten werden, daß ich nicht im Namen der Realisierung anderer Werte für einen Menschen diesem die Basis für das Überleben entziehen kann, wenn dieses die fundamentale Bedingung der Möglichkeit dafür ist, daß überhaupt menschliche Werte realisiert werden können. Zwar kennen wir die Abwägung der Menschlichkeit menschlichen Lebens mit der Lebendigkeit menschlichen Lebens in der Suizid- und Euthanasie-Problematik sowie im Bereich der kindlichen Indikation des Schwangerschaftsabbruches, aber es macht z.B. schon einen großen Unterschied, ob diese Abwägung eine Bilanz der Selbsterfahrung und Selbstentscheidung oder nur eine Prognose mit etwa einem Drittel Wahrscheinlichkeit darstellt. Deshalb ist ja zumindest die kindliche Indikation in vielen Fällen, wenn auch rechtlich entpönalisiert, so doch ethisch fragwürdig. Wer hier für die Entpönalisierung ist, hat im übrigen die ethische Fragwürdigkeit noch ebensowenig aufgegeben, wie er über die formale Rechtswidrigkeit entschieden hat. Dieses Beispiel sollte nur verdeutlichen, daß die Tatsache einer ungewissen Prognose noch nicht die fundamentale Bestimmung der Achtung vor dem menschlichen Leben zureichend außer Kraft setzt.
Die Bestimmung des menschlichen Lebens als fundamentaler Wert schließt ferner ein, daß bei der Abwägung konkurrierender Wertorientierungen die Beweislast bei diesen zu liegen hat, d.h. es muß jeweils zureichende Rechtfertigungsgründe geben. Die Bestimmung des menschlichen Lebens als ganzheitlicher Wert richtet sich gegen die Teilbarkeit des menschlichen Lebens in biologisches und personales Leben sowie gegen die Teilbarkeit des Lebensprozesses. Auch hier gibt es sicherlich Grenzfallproblematiken, in denen die Tötung oder Nichterhaltung des menschlichen Lebens in einem frühen und noch nicht prognostisch irreversiblen Stadium eher Rechtferti-

Menschwerdung die Bettwärme eines Augenblicks das Entscheidende wäre und nicht die Nestwärme langer Jahre der Elternliebe.“

7 Vgl. Instruktion (Anm. 3), n.4.

gungsgründe finden kann als die Tötung oder Nichterhaltung des weiter entwickelten Lebens, aber diese Grenzfälle heben das Axiom nicht auf. Auch hier ergeben sich unter Heranziehung des allgemeinen Axioms, wonach der technische Fortschritt nicht mehr Probleme schaffen darf, als er löst, bestimmte Folgerungen für die Achtung und die Förderung embryonalen Lebens. Der Embryotransfer nach der In-vitro-Fertilisation sollte so entwickelt werden, daß die Verluste an Embryonen dem Vergleich mit den „natürlichen" Verlusten vor dem Vollzug der Innidationen standhalten, was bisher nicht der Fall ist. Dies ist schon ein Punkt, wo die faktische Entwicklung das ethische Kriterium überholt hat. Konservierung von Embryonen sollte ferner nur um der Lebenserhaltung oder sonstiger Schadensvermeidung willen bis zum Zeitpunkt der Implantation verantwortet werden. Überzählige nicht-implantierte Embryonen sollte es nicht geben. Daraus ergibt sich auch, daß verbrauchende experimentelle Forschung an frühen menschlichen Embryonen unter derzeit denkbaren Umständen nicht zu verantworten ist; die rein utopische Vorstellung eines unmittelbar anstehenden Gentodes der Menschheit können wir hier außer acht lassen. Im Hinblick auf das Axiom der Identifizierung menschlicher Personen in ihren Beziehungen ist ansonsten für den Umgang mit Embryonen in vitro zu fordern, daß außer der Vermeidung von Schädigungen auch die Einwilligung der Eltern für alle Vorgänge einzuholen ist.

Die Achtung und Förderung jeden menschlichen Lebens als fundamentaler und ganzheitlicher Wert hat schließlich eine nicht zu unterschätzende signifikative Bedeutung. Das ethische Bewußtsein darf sich nicht an die Instrumentalisierung des menschlichen Lebens gewöhnen. Das im Bereich des Schwangerschaftsabbruches zu beobachtende Gefälle, das von der Entpönalisierung über die Handhabung der indizierten Fälle als nicht-rechtswidrig, über die Anerkennung des Rechtsanspruches auf Abbruch bis zur ethischen Neutralität gegenüber indizierbaren Abbrüchen führt, sollte, wie immer man den Handlungsbedarf gegenüber dieser Situation beurteilt, ein Lehrbeispiel für diese signifikative Bedeutung einer prononcierten Achtung und Förderung des menschlichen Lebens von Anfang an darstellen.

Zwei leitende Maximen im Bereich der Humangenetik: *Der Vorrang der Integrität des Menschen vor punktuellen Meliorisierungen und der Vorrang der Reversibilität vor der Irreversibilität*[8]

Die Voraussetzungen dieses mittleren Axioms liegen darin, daß es eine Integrität des Menschen gibt, die seine Kontinuität und sein Konsistenzempfinden einschließt. Der sich selbst planende Mensch darf nicht der sich selbst auflösende Mensch werden. Die Integrität des Menschen umschreibt man auch formal mit „Menschenwürde"; hier geht es um eine inhaltliche Bestimmung durch Kontinuität und Konsistenz, wie sie in der humanistischen Psychologie verschiedener Schulen (Sullivan, Fromm, Erikson u.a.) als Bedingung gelingender Identität nachgewiesen wird. Die Gentechnik erlaubt punktuell eine Reihe von Meliorisierungen, an die sich manchmal das Pathos allgemeiner Meliorisierung des Menschen anschließt. Dieses Pathos ist im Sinne der Erkenntnisquelle des Ethischen, der menschlichen Erfahrung, zu bestreiten. Wir kennen Fortschritt nur im einzelnen, „plurale tantum" (E. Jüngel), nicht im ganzen. Das Pathos des Fortschritts kann im Hinblick auf das Beispiel zweier wissenschaftlicher Revolutionen, der physikalischen in der Kernenergie und der chemischen (etwa in der Agrartechnik), als gescheitert betrachtet werden. Diese Erfahrung schließt keineswegs einen Fortschrittspessimismus ein. Der Fortschritt, der im einzelnen zugunsten einer Meliorisierung des menschlichen Daseins möglich ist, ist auch im einzelnen zu befürworten, wenn er dem Kriterium genügt, daß er nicht Nebenwirkungen erbringt, die den Einzelvorteil überbieten und damit desavouieren.

Das Axiom der Integrität des Menschen als Kontinuität und Konsistenz bleibt offen für Interpretationen, was alles zu dieser Bestimmung von Identität und Integrität gehört. In einer Gesellschaft, die sich selber auf der Basis der Menschenrechte versteht, ist diese Interpretation durch das Ethos der Menschenrechte freilich bereits zu einem guten Teil vorgegeben. Es besteht kein Grund dazu, jede wissenschaftlich-technische Innovation dafür zum Anlaß zu nehmen, gleichsam „ab ovo" die geschichtliche Plausibilität des Menschenrechtsethos in Frage zu stellen, weil sie nicht ohne weiteres mit der Stringenz einer deduktiven Logik einholbar ist.

8 Vgl. D. Mieth, Moraltheologische Aspekte der genetischen Technologie, in: Wort und Wahrheit 24 (1969), 363-371.

Die Voraussetzung der Integrität des Menschen ist in diesem Sinne immer schon anerkannt, wenn man in der Humangenetik projektierte Szenarien wie Klonierung, Hybridbildung und Chimärenerzeugung nicht eintreten lassen will. Umgekehrt ergibt sich positiv daraus für den Einzelfortschritt der Biogenetik, daß anerkannt hilfreiche Arzneimittel wie Interferon und Insulin als genetisch konstruierte Substanzen einen therapeutischen Fortschritt darstellen. Die humane Bedeutung der Herstellung von genetisch neuen Mikroorganismen müssen wir hier außer acht lassen; sie sind ein eigenes Thema.

Die Verantwortung der Humangenetik umfaßt die Grundlagenforschung auf der experimentellen Ebene, die genetische Diagnose (Genomanalyse), ihre Methoden und ihre Auswirkungen, die Genchirurgie mit dem Ziel der Beseitigung eines Gens als Krankheitsträger, den Gentransfer mit dem Ziel eines Ersatzes einer begrenzten genetischen Information, die Gentherapie mit dem Ziel einer Korrektur der Verbindung solcher Informationen. Soweit ich sehe, sind dabei derzeit die zuletzt genannten gentechnischen Verfahren noch nicht effektiv realisierbar. Bei der Realisierung dieser Möglichkeiten der Genchirurgie, des Gentransfers und der Gentherapie käme es jedoch schon heute darauf an, neben der Zulässigkeit von Zielen, d.h. der therapeutischen Begrenzung, auch die Zulässigkeit der Mittel zu beachten. Gerade dies ist der Punkt, an dem das zweite Axiom, der Vorrang der Reversibilität vor der Irreversibilität, greifen könnte. Damit ist nicht gemeint, daß alle irreversiblen Eingriffe abzulehnen sind. Kann das therapeutische Ziel der Beseitigung einer Erbkrankheit mit Mitteln erreicht werden, die den Effekt garantieren, die Folgen transparent machen und negative Nebenwirkungen ausschließen, dann gehört diese Maßnahme auch zur Verantwortung gegenüber künftigen Generationen. Aber ein gut Teil Skepsis ist hier wohl am Platz. Man wird sich wohl auf einen Bereich sogenannter „akzeptabler Restrisiken“ einzustellen haben, sei es der Unfallgefahr, sei es der Nebenwirkungen, so daß noch nicht abzusehen ist, ob die möglichen Nachteile nicht größer sind als die Vorteile.

Ich möchte hier zur Anwendung der Axiome drei Paradigmen heranziehen: die Genomanalyse, das genetische Humanexperiment und den genetischen Eingriff in menschliche Keimbahnzellen. Die ethische Stellungnahme kann hier kurz sein, weil sie sich an bereits bestehende Begründungen anschließt.

(1) Die Genomanalyse als Nachweis einzelner Erbmerkmale im

Sinne einer direkten Analyse scheint bisher im Verhältnis von Aufwand und Effekt nicht realisierbar. Die Genomanalyse als indirekter Nachweis ist nur eine Erweiterung diagnostischer Methoden. Ihre Problematik liegt ethisch allein auf der Ebene ihrer Mißbräuchlichkeit: im Datenaustausch, in der möglichen Diskriminierung, in der Zugänglichkeit von Arbeitsplätzen oder von Versicherungspolicen. Diese Gefahren sind erkannt[9], und sie führen zu einer Reihe von konkreten Kriterien der Verantwortung. Über die Einschränkungen der Benda-Kommission hinaus scheint mir jedoch das Kriterium arbeitsmedizinischer Vorsorge insofern unzureichend, als es Gesundheitsgefährdungen zur Selektion von Widerstandsfähigkeit statt zum Abbau dieser Risiken benutzen könnte.

(2) Das genetische Humanexperiment ist einem Kriterium zu unterstellen, das F. Böckle formuliert hat: „Entwicklungsformen menschlicher Subjekte stehen ebenso wie diese Subjekte selbst nicht als Material für Forschungszwecke frei zur Verfügung. Grundsätzlich sollen menschliche Lebensformen nur zum Zweck des Lebens instrumentalisiert werden dürfen."[10] Ein Beispiel dafür stellt schon die Genomanalyse abgespaltener frühembryonaler Zellen dar, die „noch totipotent" im Hinblick auf die Menschenentwicklung sind. Gegenüber der grundsätzlichen Option müssen hier Rechtfertigungsgründe eingeführt werden, die nicht nur in einer Vorverlegung der kindlichen Indikation[11], sondern in der Notwendigkeit und Exklusivität einer Frühdiagnose zur möglichen Einleitung therapeutischer Maßnahmen liegen sollten. So gesehen ist diese Art von Humanexperiment zwar vielleicht rechtlich nicht restringierbar, aber ethisch fragwürdig.

(3) Bei der genetischen Veränderung von Keimbahnzellen fehlt bisher der Nachweis eines kontrollierbaren Effektes. Die Tierversuche sprechen eindeutig dagegen. Ferner ist zu fragen, ob überhaupt zureichende medizinisch-genetische Indikationen für solche Eingriffe vorliegen. Im Hinblick auf rezessive Erbleiden wird dies medizinisch bestritten, ebenso bei dominanten Erbleiden, insofern hier nur eine Milderung, keine Beseitigung durch Einschleusung normaler Gene

9 Vgl. In-vitro-Fertilisation, Genomanalyse und Gentherapie, Bericht der Benda-Kommission, München 1985, 36-42.

10 F. Böckle, Gentechnologie und Verantwortung, in: R. Flöhl (Hg.), Genforschung – Fluch oder Segen?, München 1985, 86-96, hier: 92.

11 Vgl. aaO. (Anm. 9) 40.

zu erwarten ist. Bei multifaktoriellen Leiden ist die Problematik der Indikation naturgemäß noch größer. K. Sperling stellt daher zu diesem humangenetischen Szenarium fest, es sei ein Scheinproblem: „keiner will es, keiner kann es, keiner braucht es."[12] Und doch gibt es Ethiker, die Ziele und Mittel „in abstracto" für verantwortbar halten. Laufen die Ethiker den wissenschaftlichen Zielen manchmal legitimatorisch voraus? Oder ist es umgekehrt? Der soziale Zusammenhang zwischen wissenschaftlicher Entwicklung und Wertorientierung ist noch zu ungeklärt, als daß sich diese Frage beantworten ließe.

d. Leitvorstellungen in der ethischen Beratung

Angesichts der fortschreitend engeren Bindung der wissenschaftlichen Innovationen an technische Verwertung und ökonomische Nutzung bedarf die ethische Beratung um der Freiheit der Wissenschaft wie ebenso um sozialethischer Ziele willen *mittlerer Institutionen*, um sich in konsensfähiger Weise als Appell, als Selbstverpflichtung, als berufliche Bindung und als Auflage an Projekte artikulieren zu können. Zur Institutionalisierung einer Ethik der Wissenschaft gibt es keine Alternative.

Ethische Beratung kann die Entscheidungspraxis nicht in jeder Hinsicht präfigurieren. Die Ethik bleibt auf mittlere Axiome und einzelne Fallbeispiele beschränkt. Für sie gilt, anders als für das Recht: man kann etwas an sich für falsch halten, aber im Einzelfall für richtig; man kann etwas für noch erträglich halten, aber in der Tendenz für falsch und anderes für besser; man kann sich, auch wenn man alternative Zielsetzungen verfolgt, auf etwas einlassen, damit die Übel geringer werden. Dies alles macht deutlich, daß die Ethik die Verantwortung der einzelnen Handlungs- und Entscheidungsträger weder ersetzen noch mit flächendeckenden Rezepten versehen kann. Im Bereich von Reproduktionsmedizin und Humangenetik wird in Zukunft viel davon abhängen, inwieweit diese bereit sind, sich nicht scheinbar selbsttätige Entwicklungen aufzwingen zu lassen. Deshalb möchte ich mit einigen Worten des Philosophen O. Höffe schließen:

12 K. Sperling, Naturwissenschaftliche und medizinische Grundlagen der Gentechnik, in: Rechtsfragen der Gentechnologie, hg. v. R. Lakes u. R. Scholz, Köln 1986, 10-35, hier: 32.

„Unter der Bedingung, daß die Genmanipulation zur Bewahrung, zum Schutz und zur Humanisierung des menschlichen Lebens eingesetzt wird, braucht man die neue Forschung nicht pauschal zu verdammen. Weil der Mensch ein erkenntnisfähiges und sprachbegabtes Lebewesen ist, das durch seine Instinktreste und die Umwelt nicht völlig determiniert wird, ist ihm eine Planung und Gestaltung des eigenen Lebens und seiner vielfältigen Umwelt möglich. Da der Mensch zudem, rein biologisch gesehen, ein Mängelwesen ist, *kann* er sein Leben und dessen Umwelt nicht bloß planen und gestalten; er *muß* dies auch, sofern er überleben, darüber hinaus ... gut und gerecht leben will. Die prinzipielle Möglichkeit, ja sogar Notwendigkeit zur Selbst- und Weltgestaltung schließt Genmanipulation nicht von vornherein aus. Es kommt vielmehr darauf an, ihre Chancen, aber auch ihre Risiken zu erkennen und auf der Grundlage einer nüchternen Beurteilung den rechten Umgang mit den neuen Möglichkeiten zu finden." Zum rechten Umgang gehört nach Höffe auch eine alternative Forschung, die mehr von Ehrfurcht als von Herrschaftswillen beseelt ist und „mit dem arbeitet, was die Natur uns bereitstellt".

Schließlich gilt: „Zu den negativen Nebenfolgen der Genmanipulation und ihrer industriellen Verwertung kann es ... gehören, daß mehr an den Symptomen herumgedoktert wird, statt die Ursachen (von Zivilisationskrankheiten) zu erforschen und zu bekämpfen. Gewiß ist die Genmanipulation zu jung, um für den Stil unserer Lebenswelt verantwortlich zu sein. Doch sie ist ein Ausdruck jener Grundeinstellung, die den Menschen nicht nur Segen gebracht hat. Deshalb kann etwas Skepsis gegen einen ungebrochenen wissenschaftlich-technischen Optimismus dem Wohlergehen unserer Kultur nicht schaden."[13]

13 O. Höffe, Drei Diskussionsbemerkungen zur Ethik der Genmanipulation, in: Ethik der Wissenschaften. Bd. 3: Humane Experimente, hg. v. H. Lenk, Paderborn 1986, 61-65, hier: 64f.

2. Lehramt und Moral: Die neue „Instructio" der Glaubenskongregation*

Am 22. Februar 1987 hat die römische Kongregation für die Glaubenslehre eine neue „Instruktion" über die „Achtung vor dem beginnenden Leben und die Würde der Fortpflanzung" erlassen. Sie soll „Antworten auf einige aktuelle Fragen" geben, die sich angesichts der Entwicklung biomedizinischer Techniken bei Zeugung und Schwangerschaft, insbesondere bei der „Fertilisation in vitro mit Embryonentransfer" (FIVET) stellen. Das Dokument möchte auf der Basis bisheriger lehramtlicher Äußerungen Detailfragen zur sittlichen Verantwortung gegenüber Embryonen und gegenüber dem Zeugungsakt beantworten.

Der Embryonenschutz wird im Zusammenhang mit neuen biomedizinischen Techniken weltweit diskutiert. Daß es hier auch zu einer Stellungnahme des Lehramtes kommen würde, konnte wohl erwartet werden. Nicht erwartet werden konnte, daß der Zeugungsakt mit dem gleichen Gewicht und in noch größerem Umfang erneut Thema der lehramtlichen Unterweisung sein würde und daß dabei als – mindestens dem Umfang nach – bedeutendste Einzelfrage die homologe Insemination (die Samenübertragung bei Eheleuten) eine so große Rolle spielen würde. Die Ablehnung dieser Methode scheint auch einer offiziellen „Lesehilfe" von Bischof K. Lehmann in Mainz „überraschend und in gewisser Weise neu". Das wirft ein Licht auf die Behauptung der *Instructio*, „Frucht einer umfangreichen Befragung und besonders einer sorgfältigen Bewertung bischöflicher Erklärungen" zu sein. Gewiß hatte sich schon Pius XII. ablehnend zur künstlichen Insemination geäußert, aber eine gewisse Zurückhaltung des in Fortpflanzungsfragen ansonsten nicht gerade enthaltsamen Lehramtes in dieser Frage seit den fünfziger Jahren hatte bei Ehepaaren, Ärzten, Seelsorgern und Moraltheologen, die sich mit der Überwindung von Sterilitätsproblemen beschäftigten, wohl den Eindruck erweckt, in einem neuen Prozeß der kirchlichen Urteilsbildung zu stehen.

Gerade für diese Betroffenen wird der römische „Schnellschuß" mit seinem deklamatorischen Sprachspiel und seiner zirkulären Beweisführung ein harter Schlag sein. Mit zirkulärer Beweisführung ist

* Zuerst veröffentlicht in: CONCILIUM 23 (1987) 175f.

gemeint: statt eine Norm zu begründen, stellt man ein moralisches Prinzip auf, das nichts anderes ist als diese Norm. An die Stelle des Begründungsvorganges tritt dann die nackte Tautologie: die Schwangerschaft muß auf einen Sexualakt der Ehepartner zurückgehen, das ist zugleich das Prinzip (das heißt dann „Einzigartigkeit" der Weitergabe des Lebens in der Ehe, I, 4) und die konkrete Norm. Da das „Prinzip" nicht begründet, sondern nur aufgestellt wird, und zwar durch die Behauptung eines Kindesrechtes auf seine Entstehung aus einem ehelichen Sexualakt, für das etwa die Anmerkung 32 des Textes nicht einmal ein lehramtliches Dokument als Quelle angeben kann, tritt an die Stelle eines Traditionsbeweises ein Analogieschluß: *Humanae Vitae* (1968) hatte sogenannte „künstliche" Mittel, die dem ehelichen Geschlechtsakt die Möglichkeit der Fruchtbarkeit nähmen, abgelehnt; daraus ergebe sich, daß die Fruchtbarkeit den ehelichen Geschlechtsakt voraussetze, weil der verantwortliche Geschlechtsakt die Fruchtbarkeit einschließe. Dieser Analogieschluß ist falsch: die *Offenheit* des Sexualaktes für die Fruchtbarkeit kann nicht die *Bindung* der Fruchtbarkeit an den Sexualakt begründen. Zudem gestattet *Humanae Vitae* die Ausnutzung der unfruchtbaren Zeiten.

Es scheint so, als wenn im Umkreis des Lehramtes eine „Personalismus" genannte „Verschmelzungsmystik" um sich greift, die *jedem* Sexualakt zumutet, jegliche Instrumentalität aus der leibseelischen Einheit der Gatten zu verbannen (was in der Tradition nie verlangt wurde), und zugleich jeden Sexualakt zur *Ausdruckshandlung von Fortpflanzung* macht, sei es, um die mögliche Väterlichkeit und Mütterlichkeit der Partner, sei es, um das postulierte Kindesrecht auf Entstehung aus einem ehelichen Sexualakt zu integrieren. Dabei wird die Kontingenz des Menschen überspielt, die Personwürde wird überinterpretiert, und schließlich wird der Eindruck erweckt, als sei für das künftige Kind „die Bettwärme eines Augenblicks das Entscheidende ... und nicht die Nestwärme langer Jahre der Elternliebe"[14].

Niemals nur Mittel zum Zweck zu sein, gehört gewiß zur Würde der menschlichen Person. Aber ergibt sich daraus zweifelsfrei, daß jeder Akt zum Egoismus wird, der nicht alle Möglichkeiten der personalen Begegnung aktuell und explizit realisiert? Ist ein Kinderwunsch gleich verdächtig, wenn er nach dem Kinde trachtet, um es zu lie-

14 H.J. Stehle in der „Zeit" v. 13.3.1987.

ben, und das Geschlechtsleben des Ehepaares *im ganzen* darauf bezieht, auch wenn zum Entstehen des neuen Lebens eine Insemination nötig wird? Hier werden Alternativen aufgestellt, die schon biologisch nicht stimmen: „Der Empfangene muß die Frucht der Liebe seiner Eltern sein. Er kann nicht als Produkt eines Eingriffs medizinischer Techniken gewollt oder empfangen werden“ (II, 4) – kein Embryo entsteht doch als *Produkt* der Technik, wenn sie nur Hilfestellung leistet!

Eine Ausnahme gesteht die *Instructio* zu: technische Mittel, die den ehelichen Akt „erleichtern“ oder ihm helfen, „seine natürlichen Ziele zu erreichen“ (II, 6). Dies würde den Eintritt der medizinischen Technik *in* das Ehebett bedeuten, wo man sie sonst in Sachen der Geburtenregelung peinlich heraushalten will – die Konsequenzen solcher Überlegungen sind abstrus.

Viele Moraltheologen werden sich angesichts der Ausführungen der *Instructio* zur homologen künstlichen Besamung an „unverdächtige“ vorkonziliare Ausführungen der Dogmatik zur Bindung durch das nicht-infallible ordentliche Lehramt erinnern: „Ausnahmsweise kann die Pflicht der inneren Zustimmung aufhören, wenn ein kompetenter Beurteiler nach erneuter gewissenhafter Prüfung aller Gründe zur sicheren Überzeugung gelangt, daß die Entscheidung auf einem Irrtum beruht.“[15]

Es darf freilich nicht übersehen werden, daß mit den neuen Techniken der Reproduktionsmedizin ein Gefälle in den Wertorientierungen zur individuell orientierten Wunscherfüllungsmedizin verbunden sein kann und oft auch aus egoistischen und kommerziellen Gesichtspunkten verbunden ist. Es darf auch nicht übersehen werden, daß die Technik, mit Hilfe der FIVET Schwangerschaften zu erzielen, auch dann auf ein Vabanque-Spiel mit frühen Embryonen hinausläuft, wenn alle gewonnenen Embryonen zum Zweck der Schwangerschaft implantiert werden. Es darf schließlich nicht übersehen werden, daß Folgeprobleme dieser Technik (medizinische Experimente, genetische Manipulationen, Auflösung der Einheit von Vater- und Mutterschaft) Grund genug sind für einen Appell an die moralische Verantwortung und ein Nein zur Gefährdung oder Vernichtung frühen menschlichen Lebens.

Es fragt sich aber, warum die Glaubenskongregation mit solch starkem Kaliber über diese Ziele hinaus geschossen hat. Sie hat damit

15 L. Ott, Grundriß der katholischen Dogmatik, Freiburg ^{6}1963, 12.

die Aufgabe einer gesellschaftskritischen und technologiekritischen Moraltheologie nicht erleichtert, sondern erschwert. „Die negative Fixierung auf Sex, die katholischer Moral oft vorgeworfen wird, schlägt hier ins Positive, nämlich in Überschätzung um: ohne Koitus keine moralisch erlaubte Fortpflanzung"[16]. Das ganzheitliche Maß des menschlichen Geschlechtslebens kann auf die eine oder auf die andere Weise verfehlt werden. Eine wirklich ernst gemeinte „umfangreiche Befragung" der christlich gelebten Überzeugungen in der Kirche würde dies der lehramtlichen Kompetenz sehr schnell bestätigen können.

16 H.J. Stehle, aaO.

Sechstes Kapitel
Moraldoktrin auf Kosten der Moral?*
Die römischen Dokumente der letzten Jahrzehnte und die christlich gelebten Überzeugungen

Weder ist die Fragestellung dieses Titels rhetorisch gemeint, noch geht es in den folgenden Überlegungen um Polemik. Es handelt sich vielmehr um den bekannten Widerspruch zwischen der in den Verlautbarungen des apostolischen Stuhles vertretenen Morallehre einerseits und gelebten Überzeugungen der Christen andererseits. Dieser Widerspruch, so lautet freilich die These, beruht nicht auf dem banalen Phänomen, daß die Menschen sich nicht immer an das moralisch Richtige halten und daß auch die Christen Sünder sein können. Es handelt sich auch nicht einfach um ein Zurückbleiben zeitgeschichtlichen Bewußtseins hinter der voraufgehenden oder vorausgehenden Erkenntnis des Anspruches der Wahrheit, sondern um Unterschiede in der Erkenntnis und Anerkenntnis des Richtigen, d.h. es geht nicht um die Wahrheit des Guten an sich, sondern um Fragen der normativen Anwendung.

In Fragen der normativen Anwendung geht es bekanntlich um gemischte Urteile, bei denen die Erkenntnis des sachlich Richtigen ebenso wichtig ist wie die richtige Beschreibung sittlicher Phänomene und die folgerichtige Logik vorschreibender Sätze. Es geht auch nicht in dem Sinne um eine Krise der Moral, daß die Menschen eigentlich nicht wüßten, was denn nun das Richtige wäre und was sie tun sollten, sondern um einen innerkirchlichen Moralkonflikt, der gleichsam nicht offen, dialogisch und kommunikativ ausgetragen wird, da er die gelebten praktischen Überzeugungen in der Kirche in bestimmten Bereichen hindert. Im Sinne dieses Konflikts kann man durchaus von einer Krise sprechen.

Obwohl es unterschiedliche sittliche Überzeugungen unter Christen in sehr vielen Bereichen des Lebens gibt, in denen ein dringender Handlungsbedarf ansteht, bezieht sich der Konflikt keineswegs auf alle Bereiche, in denen man eine Uneindeutigkeit christlicher Sitt-

* Zuerst veröffentlicht in: N. Greinacher/H. Küng (Hg.), Katholische Kirche – wohin? München – Zürich 1986, 162-183.

lichkeit beklagen könnte. In Fragen der Gewaltanwendung, in Fragen der Allgemeingültigkeit von Freiheitsrechten, in Fragen der Verteilung der Güter, in Fragen der Wahrhaftigkeit gibt es zwar auch jeweils eine christliche Tradition und eine sich weiter entwickelnde kirchliche Morallehre, aber umstritten sind vor allem die Fragen des 5. und 6. Gebotes der „natürlichen Sittlichkeit", die ja nach scholastischer Lehre mit den Geboten des Alten Testamentes konvergiert. Auch innerhalb der Bergpredigt sind es vor allem die Ehelogien, die nicht aufgrund einer uneindeutigen Pluralität der Auslegung unter Christen, sondern aufgrund eines Streites um eine behauptete Eindeutigkeit zu innerkirchlichen Konflikten führen. Es ist daher berechtigt, sich in diesen Überlegungen zur kirchlichen Moraldoktrin nach dem Zweiten Vatikanischen Konzil auf die Positionen und Kontroversen zur Sexualethik und zur Lebensethik zu beschränken.
Dabei stellt sich zunächst einmal die Frage: warum sind gerade die Lehrsätze zur Auslegung *dieser* Gebote in bestimmten Punkten umstritten? Dies mag nicht zuletzt mit der Klarheit und mit dem hohen Grad an Verbindlichkeit zusammenhängen, mit dem sie zum Ausdruck gebracht werden und mit der ihnen im Rahmen der Selbstbehauptung der Lehre auch Nachdruck verliehen wird. Es mag ferner damit zusammenhängen, daß gerade in diesen Bereichen die einzelnen Menschen ausnahmslos und unausweichlich betroffen sind, da diese Fragen mit lebensgeschichtlichen Entscheidungen zusammenhängen, an denen niemand auf die eine oder andere Weise vorbeigehen kann. Warum aber gilt gerade in diesem Bereich der kirchlichen Morallehre eine vielfach konstatierte rigorose Eindeutigkeit der Auslegung und der sittlichen Orientierung?

1. Der Vorrang der Familienethik in der kirchlichen Moraldoktrin

Wir sprechen von Moraldoktrin, wo seitens des Lehramtes (gemeint ist hier stets das ordentliche Lehramt, das seiner Interpretation nach verbindlich, aber nicht infallibel unterweist) eindeutige und ausnahmslose Regeln des sittlichen Verhaltens vorliegen. Von der Moraldoktrin müßte man eine allgemeine sittliche Unterweisung unterscheiden, die etwa in der englischen Sprache, im Unterschied zu „doctrine", als „teaching" zu bezeichnen wäre. Eine Moraldoktrin ist in diesem Sinne eine Pflichtenethik, die zwar wohl um die Problematik der praktischen Schuldzuweisung in Extremfällen weiß und die wohl das unüberwindlich abweichende Gewissen als für den einzelnen verbindlich anerkennt, die aber die irrtumsfreie Wahrheit in jeder einzelnen auferlegten Pflicht vollgültig anwesend sieht. Diesen Typ der Pflichtenethik weist die kirchliche Morallehre offensichtlich allein im Bereich von Geschlechtlichkeit, Ehe und Familie auf. In anderen Fällen beschränkt sie sich eher auf grundsätzliche sittliche Wahrheiten, auf den Aufweis von Wegen ihrer Anwendung und auf den Appell an das Gewissen der Christen, diese Anwendungen unter Einbeziehung der Sachgerechtigkeit und der sittlich richtigen Argumentation vorzunehmen. Es stellt sich also die Frage, warum die Kirche in bestimmten Handlungsbereichen ihre allgemeine Morallehre zur Moraldoktrin im Sinne einer bis ins einzelne konkretisierten und ausnahmslosen Pflichtenethik ausformuliert hat. Dies kann wohl im wesentlichen nur geschichtlich erklärt werden. Zum einen mag es mit einem seit Augustinus mehr oder weniger sexualisierten Sündenbegriff zusammenhängen. Zum anderen spielt die Präsenz der Kirche an den Schnittpunkten der Lebensentscheidung, die zudem mit ihrem sakramentalen Leben verbunden sind, eine Rolle. Schließlich hat sich das Verständnis von Glaubenspraxis gerade mit den persönlichen lebensgeschichtlichen Entscheidungen, die nicht zuletzt mit der geschlechtlichen Selbstverwirklichung zusammenhängen, vermengt. Daß die Kirche die hier einmal ausformulierten Positionen gleichsam hautnah festhält, mag zudem seinen Grund darin haben, daß sich hier neben ihrer berechtigten Sorge, Anwalt der Verbindlichkeit des Glaubens zu bleiben, auch eine besondere Tradition der „Macht über die Seelen“ herausgebildet hat. Es handelt sich ja nicht zuletzt auch um Bastionen, in denen die Kirche praktisch die Wellen der Säkularisierung, der Aufklärung und der wissenschaftlichen Revolution über lange Zeit bestanden hat. Zugleich handelt es sich um Markierungen des zwar nicht ausschließlich gemeinten, aber doch unterscheidbaren Christlichen, die der Idee der Nachfolge Christi ihre eigene konkrete Anschaulichkeit zu geben schienen.

Es scheint mir deswegen kaum denkbar, daß ohne eine Schwerpunktverlagerung der Idee der konkreten Verbindlichkeit des christlichen Glaubens eine Änderung etwa in Fragen der Sexualdoktrin eintreten könnte. Denn eine reine Preisgabe von Positionen würde in diesem Zusammenhang der kirchlichen Morallehre im ganzen einen Grad von Allgemeinheit und Abstraktheit verleihen, wie er etwa oft in der Soziallehre der Kirche zu beobachten ist. Gerade die geschichtliche Unbeliebigkeit des Vorranges der Fragen von Geschlechtlichkeit, Ehe und Familie ist ein Problem, das die Zurücknahme von Positionen gleichsam als Selbstaufhebung erscheinen lassen muß. Wir müssen auf diese Frage in unserer abschließenden Bilanz noch einmal zurückkommen.

2. Die einzelnen Positionen der kirchlichen Moraldoktrin

a. Geburtenregelung

Bekanntlich hat die Kontroverse um die kirchliche Moraldoktrin sowohl in der Praxis wie in der Reflexion sich mit den nachkonziliaren Akten der Festlegung des Lehramts in der Frage der Geburtenregelung verstärkt. Dabei wird bei der Enzyklika *Humanae Vitae* oft übersehen, daß sie die konziliare Lehre von den Sinngehalten der Ehe unter dem Vorrang der Liebe in besonderer Weise fortsetzt und vertieft. Hier kann man in der Tat von einer Entwicklung im Geiste des Konzils sprechen. Die Verhaltensanweisung in Fragen der Geburtenregelung ist demgegenüber weitgehend eine Erneuerung der spätestens seit *Casti Connubii* Pius' XI. ausformulierten Lehrtradition. Bekanntlich gilt Geburtenregelung als unerlaubt, soweit es sich nicht um eine Kombination von periodischer Enthaltsamkeit und Beobachtung der Monatszyklen der Frau handelt. Es gibt freilich denkbare Rechtfertigungsgründe der Anwendung von anderen geburtenregelnden Mitteln, sofern diese nicht den Zweck der Geburtenregelung als solchen intendieren. Die Kirche lehnt dabei die Familienplanung nicht ab; das letzte Dokument, die „Charta der Familienrechte" Papst Johannes Pauls II. von 1983, unterscheidet zwischen zulässiger und notwendiger Familienplanung einerseits und sittenwidriger Geburtenregelung andererseits, wobei sprachlich schon die Geburtenregelung der Idee einer willkürlichen Verfügung, das heißt einer sittenwidrigen Manipulation über das werdende Leben zugeordnet wird. Auf die Begründungen dieser Doktrin soll in diesem wie in den anderen Punkten zur Vermeidung von einzelnen Wiederholungen erst im Anschluß an die Beschreibung die Rede sein.

b. Schwangerschaftsabbruch

Da das Verbot des Schwangerschaftsabbruches generell auf der Idee des Schutzes jeden unschuldigen und nicht andere Leben gefährdenden menschlichen Lebens beruht, ist es in seiner Ausnahmslosigkeit nur durch den Schutz des gleichen menschlichen Lebens zu begrenzen. In dieses Urteil eingeschlossen ist die Beurteilung des Zeitpunktes der Entstehung menschlichen Lebens, der mit dem Zeitpunkt der Befruchtung übereinstimmt. Ebenfalls eingeschlossen in dieses Verbot ist das Urteil über die mangelnde Berechtigung des Menschen, dem unschuldigen und andere nicht gefährdenden Leben ein anderes Gut entgegenzusetzen. Der Nachweis einer solchen Berechtigung ist nach der kirchlichen Moraldoktrin nicht zu führen.

c. Sexualität und Ehe

Auch die Bindung der Sexualität ausnahmslos an den Vollzug der Ehe (Sexualität ist hier vom stets vorhandenen allgemeinen menschlichen Merkmal der Geschlechtlichkeit entschieden zu unterscheiden) schließt verschiedene Urteile in sich ein: die Bindung an den Zeitpunkt des Eheabschlusses und an den Rahmen der Ehe ebenso wie ein Urteil über die vorgegebene Ordnung zweigeschlechtlicher Partnerschaft, dann die Idee der Treue zum lebendigen Ehepartner (gegen voreheliches, nichteheliches und außereheliches Sexualverhalten). Damit verbunden ist das Verbot einer sexuell aktivierten Homosexualität.

d. Die Wiederverheiratung Geschiedener

Die Ablehnung eines erneuten Ehevollzuges zu Lebzeiten des Partners der vorherigen Ehe ergibt sich schon aus der Normierung im Bereich der ausschließlichen Bindung der Sexualität an die Ehe, fügt aber noch ein Zusatzurteil hinzu: die sog. Unauflöslichkeit des bestehenden Ehebandes zwischen lebenden Partnern, wobei hier die Moraldoktrin mit einer „geschmeidigeren" Rechtspragmatik der Kirche zu tun hat, ihre Rigorosität aber auch dem Sinne nach und den Sanktionen nach im Eherecht der Kirche aufrechterhält.
Nicht zur Problemstellung der Moraldoktrin der Kirche gehört der

Konflikt um das Pflichtzölibat der Priester, weil dieses Pflichtzölibat nicht mit einem Urteil über die personale sittliche Richtigkeit verbunden wird, sondern eine rechtliche Konvention der Kirche darstellt, mit der sie ihre Jurisdiktion über die Anforderungen an einen Priesterberuf ausübt.

Indem man die kirchliche Position beschreibt, nimmt man bereits ein Kennzeichen der nachkonziliaren kirchlichen Moraldoktrin auf, nämlich die an Einzelproblemen orientierte, normative Konkretisierung, die gleichsam *neben* einer Gesamtsicht von Geschlechtlichkeit und Liebe herlaufen kann und die in diesen Einzelbereichen jeweils Begründungen wählt, die eher an der Erlaubtheit und Unerlaubtheit einzelner Akte als an der allgemeinen Realisierung von Sinnverhalten des geschlechtlichen Lebens orientiert sind. Auf diese Begründungen muß nun eingegangen werden.

3. Begründungen zu einzelnen Positionen

a. Allgemeine Begründungspositionen

Im wesentlichen sind drei Begründungsarten in den lehramtlichen Positionen gut erkennbar. Die eine Begründungsart richtet sich auf das Verständnis der Wirklichkeit im ganzen und insbesondere auf das Verständnis der „natura humana". Dabei wird davon ausgegangen, daß der in der Offenbarung entfaltete Sinn der Schöpfung der menschlichen Erkenntnis die notwendige Sicherheit und Gewißheit verschafft, sich über den vorgegebenen Sinn von der „Natur" im ganzen verständigen zu können. Die Erkenntnis dieses Sinns von Sein hat zugleich verpflichtenden Charakter: „agere sequitur esse" (das Handeln folgt aus dem Sein).

Eine zweite Begründungsart richtet sich auf die Folgen des menschlichen Handelns. Aus der Erfahrung von beobachteten Wirkungen und aus der Prognose zu erwartender Folgen, wie immer es um deren Richtigkeit im einzelnen bestellt sein mag, werden grundsätzliche Positionen noch einmal zu verstärken versucht.

Die dritte Begründungsart richtet sich auf die Autorität der Kirche und ihrer Tradition. Dabei spielt vor allen Dingen das Argument mit der lehramtlichen Konstanz eine gewisse Rolle.

Schließlich wird auch oft, aber nicht immer, eine biblische Begründung gegeben, wobei diese freilich in Fragen der Geburtenregelung und in Detailfragen moderner medizinischer Ethik weniger deutlich zu greifen ist als etwa in der Frage nach der Erlaubtheit von Zweitehen zu Lebzeiten des Partners der Erstehe.

b. Die Begründung der Einschränkung der Familienplanung auf die Methode der Zeitwahl

Die Geburtenregelung ist immer wieder herangezogenes Musterbeispiel für die erwähnten Begründungsmomente. Zunächst einmal spielt das Verständnis von der „Natur" geschlechtlicher Akte eine wesentliche Rolle. Zu dieser „Natur" gehört der positive Einschluß der Weitergabe menschlichen Lebens. Dieses Verständnis bezieht sich ebenso auf mögliche Verhaltensmuster des Geschlechtsaktes wie auf die Vermeidung von Mitteln, diesen Geschlechtsakt auf seine Ausdrucksfähigkeit für die Zuneigung der betroffenen Menschen zu beschränken und die Möglichkeit einer Zeugung positiv auszuschließen. Geschlechtsverkehr als Ausdruck ehelicher Liebe ist freilich überall dort möglich, wo die Zeugung nach Erkenntnis der Sachlage ausgeschlossen ist, wo die „Natur" von sich aus, sei es durch den Zyklus der Frau, sei es durch Alter, Krankheit und Behinderung, keine Zeugung ermöglicht. Diese Begründung hat ihre besondere Schwierigkeit in der Unterscheidung zwischen Akten, bei denen die Gegebenheiten der Natur bloß wahrgenommen werden, und Akten, bei denen die „Natur" künstlich manipuliert wird. Denn die lehramtliche Position schließt positiv die Erlaubtheit der sogenannten natürlichen Familienplanung ein.
Die Begründung von den Wirkungen und Folgen her argumentiert im Bereich der Geburtenregelung im wesentlichen mit zwei Argumenten: der Befürchtung eines Sittenverfalles im Sexualverhalten, wenn die Frage der Zeugungsbereitschaft der beteiligten Menschen quasi zu einer „quantité négligeable" wird; die Bekämpfung gesellschaftlicher Maßnahmen zur Bevölkerungspolitik, die vor allem in der Dritten Welt zu einer Manipulation der Armen führen könnte und in einzelnen Fällen wohl auch geführt hat.
Besonders stark wird das Argument mit der lehramtlichen Konstanz vorgebracht. Es handelt sich dabei freilich nicht um eine sehr alte Position, da die Mittel der Geburtenregelung, um die es geht, relativ

neu sind, aber es handelt sich um eine von Anfang an sehr entschieden vorgebrachte Position des Lehramtes. Hier ist vor allem die lehramtliche Position der letzten Päpste gemeint. Es handelt sich nicht nur um das Argument mit der lehramtlichen Konstanz („ecclesia sibi suaque doctrina constat"), sondern auch um das Argument mit der besonderen Inspiration der lehramtlichen Erkenntnis, in der sich die Führung durch den Heiligen Geist ausdrücke.
Johannes Paul II. hat die erste Argumentationslinie durch ein personales Naturverständnis zu vertiefen versucht. Seine Begründung richtet sich weniger auf eine Naturwidrigkeit des geschlechtlichen Aktes als solchem als vielmehr auf eine Personwidrigkeit „künstlicher Geburtenregelung", d.h. auf die Verpflichtung zur „Natur" der Person. Denn die Zeugungsfähigkeit bzw. die Möglichkeit, Vater oder Mutter zu werden, gehöre zur personalen Möglichkeit der Betroffenen so fundamental hinzu, daß das Absehen von dieser personalen Wirklichkeit eine Einschränkung der Würde des jeweiligen Partners bedeuten würde.

c. *Die Begründung des Schwangerschaftsabbruch-Verbotes*

Nach dieser Position darf ein Leben, das als menschliches Leben bezeichnet werden kann und das weder schuldig ist noch von sich selbst aus bedrohend oder gefährdend wirkt, niemals, d.h. unter keinerlei vorstellbaren Umständen, durch den Menschen beendet werden. Insofern geht es hier um zwei Begründungselemente: die Konstatierung des Vorhandenseins von menschlichem Leben auf der faktischen Ebene und die Konstatierung, daß kein Fall der Aufhebung der Schutzwürdigkeit dieses Lebens vorliege, auf der Ebene der Erkenntnis mangelnder menschlicher Berechtigung zu töten.
Für die Aussage, daß menschliches Leben mit dem Vorgang der Befruchtung von Anfang an gegeben sei, wird vor allem das Vorhandensein einer vollgültigen und vollwertigen Information für dieses menschliche Leben von diesem Zeitpunkt an als Beweisgrund angeführt. Eine Abwägung zwischen der Lebenschance des werdenden Lebens und der Zumutbarkeit, der Akzeptanz und der Betreuung dieses werdenden Lebens durch die Eltern, insbesondere durch die Mutter, wird als nicht zulässig erachtet, weil es sich hier nicht um vergleichbare Güter der gleichen Art handle.

d. Die Begründungsstruktur der Sexualethik

Nach dieser Begründung liegt der Schöpfungssinn genitaler Ausdrucksakte der geschlechtlichen Beziehung in den Sinnwerten der Ehe allein. Das schließt Masturbation, voreheliche, nichteheliche und außereheliche Sexualität ebenso aus wie homosexuelle Akte. Hier geht es um eine durch die Schöpfung intendierte Kulturordnung des Menschen, innerhalb derer allein der sexuelle Akt zu einem sittlichen Wert werden kann. Auch hier gibt es einige ergänzende Argumente mit der Beobachtung bzw. der Prognose von Wirkungen und Folgen. Auch hier spielt die Konstanz der lehramtlichen Tradition eine große Rolle. Ich habe schon darauf hingewiesen, daß die Einbettung sexueller Akte in die Sinnbezüge der ehelichen Gemeinschaft auch deswegen so ausschließlich vertreten wird, weil die ansonsten in der Sexualität anwesende „Konkupiszenzschwäche" ihre zerstörerischen Kräfte entfalten könnte.

e. Die Begründung des Verbots der Wiederverheiratung Geschiedener

Obwohl nach lehramtlicher Auffassung die Unauflöslichkeit der Ehe dem Schöpfungssinn entspricht und daher bereits bei der sog. „Naturehe" intendiert ist, hat die Begründung hier eher dogmatischen Charakter. Denn die Unauflöslichkeit als Ausdruck der sakramentalen Bindung der Personen ist noch einmal im Heilssinne verschärft. In diesem Sinne werden dann auch die biblischen Logien Jesu über die Ehescheidung einbezogen und angewandt. Mit einigem Recht könnte man daher in diesem Punkt von einer spezifisch glaubensethischen Begründung sprechen.

4. Der Widerstreit im Wahrheitsverständnis und in der Begründung ethischer Urteile

a. *Der Widerstreit zwischen doktrinärem und kommunikativem Ansatz*

Hier geht es nicht um wahrheitstheoretische Diskussionen, nicht also um die Auseinandersetzung über ein Verständnis der Wahrheit als objektive Wirklichkeit in der Erkenntnis bzw. der Wahrheit als Übereinstimmung in der Vernunft (Konsenstheorie). Es geht vielmehr darum, daß sich im theologischen Selbstverständnis Begriffe dann verändern, wenn nicht mehr die doktrinäre Instruktion, sondern der Prozeß der Selbstmitteilung Gottes im Prozeß der Selbstvergewisserung des Glaubens im Vordergrund steht. Ein solcher Paradigmenwechsel verändert dann Begriffe wie „Offenbarung", „Natur", „Kirche", „Sittlichkeit". Die Wahrheit ist dann nicht einfach ein Wissenssystem, das nur noch eindringlich gelehrt zu werden braucht, die Wahrheit ist vielmehr in einem Prozeß der Selbsterschließung begriffen, hinter dem der Prozeß der Selbsterschließung Gottes selber steht. Es geht also nicht darum, einfach eine ein für allemal definierte Wahrheit zu applizieren, sondern es geht darum, die Wahrheit im kommunikativen Prozeß der in der Kirche wirkenden Kräfte (Lehramt, Theologie, „sensus fidelium") zu verstehen und zu finden. Sofern dieser Wandel von der bloßen Anwendung vorhandener Wahrheit zum Prozeß des Verstehens und des Findens von Wahrheit im Zweiten Vatikanischen Konzil in die Wege geleitet worden ist, darf eigentlich kirchliche Lehre nach dem Konzil nicht mehr in ein doktrinalistisches Verständnis von „Lehre" zurückfallen.[1]

Gerade am Beispiel der Morallehre läßt sich dies gut verdeutlichen. Zum einen gilt dies für das Verständnis biblischer Weisungen. Biblische Weisungen in Sachen der Ethik sind nicht einfach satzhafte überzeitliche Festlegungen von Pflichten, sondern Modelle der praktischen Selbstfindung der Gemeinden, die im geschichtlichen Prozeß als Antwort auf den Anspruch an die Wahrheit des praktischen

1 Vgl. M. Seckler, Zur Interdependenz von Aufklärung und Offenbarung, in: ThQ 165 (1985) 161-173, bes. 169f: Zur Offenbarungskonstitution „Dei Verbum" des II. Vat. Konzils.

Verhaltens herausgefordert worden sind. Was hier für die Tradition der Schrift gilt, gilt auch für die Tradition der Kirche. Dies setzt auch voraus, daß „Sittlichkeit“ nicht als ein vorhandenes satzhaftes System betrachtet wird, sondern als eine lebendige Gestaltwerdung der praktischen Option des Glaubens in der Auseinandersetzung mit der zeitgenössischen sittlichen Vernunft und der Erkenntnis über die Wirklichkeit.

Einem nichtdoktrinären Moralbegriff entspricht ein nichtdoktrinärer Naturbegriff. Angesichts des Fortschrittes in wissenschaftlicher Naturerkenntnis, angesichts der Vertiefung des Verständnisses der menschlichen Person, das weniger vom Substanzdenken als vom Identitätsdenken bestimmt ist, ist die „natura humana“ nicht einfach mehr als Zwischenglied zwischen biologischer Natur einerseits und dem Geistwesen der Engel zu begreifen, d.h. der Mensch kommt nicht als das metaphysisch festgestellte Wesen, sondern als offener Sinngehalt in den Blick. Die Gestaltungsverantwortung des Menschen ist dann nicht mehr rein rezeptiv zu begreifen, sondern vielmehr als schöpferisch anzusehen. Die Kritik an der schöpferischen Selbstverfügung des Menschen im Überschwang des Fortschrittsoptimismus hat zwar durchaus ihr Recht, aber sie darf nicht übersehen, daß der Mensch gerade darin seine „Natur“ findet, daß er mit dieser verantwortlich-schöpferisch umgeht.

b. Der Streit um die Autonomie des Sittlichen

Überlegungen zur Autonomie des Sittlichen in der theologischen Ethik haben in den letzten beiden Jahrzehnten gezeigt, daß es hier nicht um die Mißachtung des Willens Gottes im Zeichen der Selbstherrlichkeit des Menschen geht, sondern um den Versuch des Menschen, die Selbstverpflichtung seiner Freiheit zu erkennen und zu realisieren. Eine solche Autonomie steht nicht im geringsten im Widerspruch zur gläubigen Selbstvergewisserung unter der Voraussetzung einer Offenbarung als Selbstmitteilung Gottes. Sie vertraut jedoch darauf, daß sittliche Normen in der Übereinstimmung der Vernunft gefunden werden können, weil gerade darin auch der positive Sinn eines Glaubens an die Schöpfung zum Ausdruck kommt.

c. Der Streit um die Begründung sittlicher Urteile

Sittliche Normen müssen daher vernünftig begründbar sein. Die Begründung aus einer Autorität oder aus der Konstanz einer Doktrin oder aus der Fixierung von historisch gewordenen Faustregeln als überzeitlichen Sätzen genügt nicht. Die Begründungsinstanz der Vernunft setzt einmal auf die verschiedenen Quellen sittlicher Erfahrung (in Schrift und Tradition und in den gelebten Überzeugungen der Glaubenden), sie setzt zum anderen vor allem auf die rationale Abwägung der Folgen menschlichen Handelns. Damit ist sie zugleich der empirischen Rationalität verpflichtet, ohne diese selbst zur Norm erheben zu wollen. Die Erkenntnis der einschlägigen Werte und ihrer Abwägung unter konkreten Bedingungen ist die Voraussetzung einer sittlichen Argumentation, die auf konkrete Verbindlichkeit zielt. Normen sind in diesem Sinne als bedingte Sätze zu formulieren, die mit dem Gebot oder Verbot zugleich die Bedingungen der Gültigkeit ausformulieren. Solche Überlegungen sind dabei keineswegs neu. Die Vorstellungen der traditionellen Moraltheologie von den Umständen des Handelns, von der Güterabwägung, vom geringeren Übel, von Handlungen mit doppelter Wirkung haben eine Tradition der sittlichen Urteilsbegründung entwickelt, die mit einem instruktionstheoretischen bzw. doktrinären Moralverständnis nicht übereinstimmen können.

d. Einige Folgerungen

Der Hinweis auf Konstanz und Autorität einer Doktrin kann daher die Begründungsnot bei der Findung konkreter sittlicher Weisungen nicht beheben. Der Versuch, im Sinne eines kommunikativen Verständnisses der kirchlichen Morallehre in der „Päpstlichen Kommission für die Geburtenregelung" vor 1968 konkrete sittliche Weisungen zu finden, ist freilich bekanntlich durch die Enzyklika *Humanae Vitae* gestoppt worden, bevor er seine fruchtbare Wirkung im Sinne des Wahrheitsverständnisses des Konzils entfalten konnte. Die Mehrheit dieser Kommission hatte die Maßnahmen zur Geburtenregelung an Merkmale der Verantwortlichkeit des Menschen im allgemeinen gebunden, sie hatte keine grundsätzlichen Argumente für die „Naturwidrigkeit" sog. künstlicher Mittel bzw. für die mangelnde Berechtigung des Menschen, solche Mittel anzuwenden, gefunden.

Die scharfe Unterscheidung zwischen den Möglichkeiten, die Natur des Menschen zu gestalten, ließ sich nach der Meinung der Mehrheit dieser Kommission nicht gegenüber der Einsicht aufrechterhalten, daß der differenzierte Umgang des Menschen mit seiner eigenen Natur als solcher wiederum zur Natur des Menschen hinzugehört. Gerade die Begründungsdiskussion in der Frage der Geburtenregelung hat gezeigt, daß lehramtliche Moraldoktrin und theologisch-ethische Reflexion soweit in Widerstreit geraten, als die lehramtliche Moraldoktrin den in der Pastoralkonstitution des Zweiten Vatikanischen Konzils und in anderen Dokumenten festgehaltenen theologischen Paradigmenwechsel nicht mitzuvollziehen bereit war. In vielen der doktrinär angesprochenen Einzelfragen ergab sich daher ein Widerspruch der faktisch gelebten Überzeugung der Gläubigen in der Kirche zu dieser Moraldoktrin: mit diesem Widerspruch können weitere Begründungselemente diskutiert werden.

5. Der Widerspruch der faktisch gelebten Überzeugungen in der Kirche

a. Geburtenregelung

Warum halten sich Christen in der Frage der Geburtenregelung nicht an die Lehre der Kirche? Nach der Lehre der Kirche ist dies möglich, weil sie einem unüberwindlich irrigen Gewissensspruch folgen. Unter dem Druck des zeitgenössischen Bewußtseins sind sie nicht in der Lage, ihr Gewissen so auszubilden, daß es den lehramtlichen Anforderungen entspricht. Viele Gläubige können mit dem Respekt, den die Kirche auch vor irrigen Gewissensentscheidungen bezeugt, leben. Viele Gläubige können das jedoch nicht, weil sie die Gründe, nach denen ihr Gewissen irrig sein sollte, nicht einsehen können. In der Wahl der Mittel für die Geburtenregelung sehen sie wohl genau die Unterschiede, die zwischen Verantwortung und Willkür walten; aber sie sehen die Unterschiede nicht, die auf der Sachebene der Wahl der Mittel konstatiert werden. Sie sehen z.B. nicht ein, weshalb der Gebrauch ovulationshemmender Mittel der Geburtenregelung, abgesehen von der Einbeziehung und kritischen Prüfung möglicher physischer und psychischer Folgen, *an und für sich* eine Manipulation sein sollte, die gegenüber dem Gebrauch der Mittel der Zeitwahl per se unmoralisch sei. Denn letztlich liefe dies entweder auf einen grundsätzlichen Unterschied zwischen Zeitverschiebung (der Regel) und Zeitwahl hinaus oder aber auf einen Unterschied in der Akzeptanz von Technologien. Denn auch die sog. natürliche Familienplanung bedarf immer mehr der technologischen Differenzierung, um Wirksamkeit zu erreichen. Die Bindung der Geburtenregelung an die Zeitwahl ist zudem von vielen Menschen aufgrund von physiologischen Vorgegebenheiten, aufgrund biopsychischer Gesetzmäßigkeiten und aufgrund rein zeitlicher Einschränkungen nicht realisierbar. Je existentieller all diese Fragen genommen werden, um so mehr kann es geschehen, daß eine Kirche verlassen wird, die aufgrund so uneinsichtiger Beweisgründe objektive Feststellungen über den Sachverhalt der schweren Sünde zu treffen versucht.

b. Schwangerschaftsabbruch

Die Haltung der kirchlichen Moraldoktrin zum Schwangerschaftsabbruch findet sicherlich am meisten Respekt. Ein sittliches Urteil, das unter sehr klaren Bedingungen formuliert ist und den Lebensschutz auch auf das werdende und beschädigte Leben ausdehnt, ist in seiner inneren Logik an und für sich schwer zu bestreiten. Dennoch gibt es auch hier Widerspruch der faktisch gelebten Überzeugungen und zwar in dreifacher Hinsicht: zum einen im Hinblick auf die Gewißheit über den fixierten Zeitpunkt des unumkehrbaren Prozesses menschlichen Werdens bei der Befruchtung. Dabei geht es weniger darum, daß dieser Zeitpunkt nicht als *Orientierung* akzeptiert wird, denn gerade die Ungewißheit über die Entstehungsstufe des werdenden Lebens kann auch als Grund dafür betrachtet werden, möglichst früh mit dem Schutz des werdenden Lebens einzusetzen. Es geht vielmehr um die *Rigorosität* der Fixierung dieses Zeitpunktes angesichts der Tatsache, daß die „Natur“ selbst diesen Vorgang nicht so fixiert hat, daß der weitere Vorgang der Einnistung des befruchteten Eies nicht nachher ausfallen könnte. Die rigorose Gleichsetzung des Schwangerschaftsabbruchverbots mit dem Verbot nidationshemmender Mittel führt daher in Grenzfällen immer wieder zu Problemen.
Ein weiterer praktischer Einwand richtet sich wiederum auf ein ri-

goristisches Element der kirchlichen Moraldoktrin. Auf dieses Element hatten schon evangelische Theologen wie Karl Barth aufmerksam gemacht, wenn sie katholisch-kirchliche Moraldoktrin aufgrund ihres Rigorismus zugleich bewunderten und verabscheuten. Hier geht es um die konkrete Abwägung zwischen dem berechtigten Lebensschutz des werdenden Lebens und seiner menschlichen Zukunft bzw. der Zumutbarkeit dieser Zukunft für die Betroffenen. Es ist vielleicht einsichtig, daß die kirchliche Moraldoktrin darin im Recht ist, die generelle Möglichkeit einer Abwägung hier zu bestreiten. In der Tat ist „Zumutbarkeit" kein Gut, das mit dem grundlegenden Gut der Existenz abgewogen werden kann. Aber es gibt Situationen existentieller Betroffenheit, auf die ein objektivierender Standpunkt nur unzureichend angewandt werden kann. Hier vor allem wäre es wichtig, einen Unterschied zwischen Regeln zu machen, die den Menschen im vorhinein sagen, wonach sie sich zu verhalten und was sie zu tun haben, und Regeln, die im nachhinein das einzelne Handeln des Menschen beurteilen.
Die Probleme mit dem Rigorismus der kirchlichen Position in Fragen des Schwangerschaftsabbruches würden unter Christen und auch unter anderen Menschen sicherlich um so mehr abnehmen, wenn die Kirche ihre monolithische Position in Sachen der Geburtenregelung aufgeben könnte. In diesem Zusammenhang werden immer wieder der Hunger und die Bevölkerungsexplosion als „Zeichen der Zeit" benannt, bei denen es problematisch ist, Menschen so ins Leben zu setzen, daß man ihnen damit das Dasein zu einem absehbaren Tode ermöglicht.
Das Hauptargument aber, das man auch unter Christen immer wieder in bezug auf die kirchliche Position hinsichtlich des Schwangerschaftsabbruches hört, ist das Argument mit der Inkonsequenz der kirchlichen Position. Wenn die Anhäufung rechtslegitimer Abtreibungen der Kirche als „Völkermord" erscheinen kann, dann stellt sich immer wieder die Frage, warum die Kirche nicht mit gleicher Rigidität die Tötung unschuldigen und andere nicht gefährdenden Lebens im Falle von kriegerischen Auseinandersetzungen und totalitärer Gewaltanwendung bekämpft. Jedenfalls gibt es Beispiele dafür, daß moderne Kriegsführung ohne die Tötung Unschuldiger und Unbeteiligter überhaupt nicht möglich ist und daß Menschen einfach zum Zeichen dafür umgebracht werden, daß man an irgendeiner fundamentalistischen Position rigoros festhalten will. Zwar verurteilt die Kirche Folter, Terror und Gewaltmißbrauch, aber sie tut das auf

einer sehr viel allgemeineren Ebene. Solange diese Inkonsequenz weiterbesteht, wird die ethische Stichhaltigkeit der Argumente gegen den Schwangerschaftsabbruch oft eher als Zeichen eines eindimensionalen Bewußtseins der kirchlichen Moraldoktrin aufgefaßt, als, wie es sein sollte, ein Zeichen für eine entschlossene Option der Kirche für das Leben.

c. *Sexualethik*

In der kirchlichen Sexualethik werden vor allem Charakteristika der Zeit, der Form und des Aktes in den Vordergrund gestellt. In der gelebten Überzeugung der Christen spielt dagegen der Grad des verantwortlichen Füreinander-Einstehens der betroffenen Partner eine viel größere Rolle. Hier ist zweierlei zu beachten: Auf der einen Seite gibt es einen Paradigmenwechsel im Bewußtsein der Gläubigen, wonach die Folgen der Erbsünde weniger in der ungeordneten geschlechtlichen Begierlichkeit anwesend sind als in den Merkmalen des gewalttätigen Mißbrauches anderer Menschen. Das Böse, so könnte man es auf einen einfachen Nenner bringen, wird weniger in der mangelnden Domestikation der Lust als in der mangelnden Domestikation von Aggression und Gewalt gesehen. Gewiß haben die meisten Menschen heute mit den Humanwissenschaften auch erkannt, daß es positive menschliche Grundmuster im „Begehren" ebenso wie im „Aufbegehren" des Menschen gibt: Die Erfahrung der zerstörerischen Kräfte der von der Sünde geprägten Existenz des Menschen werden jedoch weniger in den Gefahren eines sexuellen Sittenverfalls als in der Erfahrung der Unfähigkeit des Menschen gesehen, mit neuen Quellen aggressiver Potenzen fertigzuwerden.
In den faktisch gelebten Überzeugungen von Christen geht es vor allem auch um ein Moment der anthropologischen Dringlichkeit sexueller Beziehungen, die nicht einfach mit einer reinen Unbeherrschbarkeit der Triebe auf Kosten des anderen zu verwechseln sei. Die sexuellen Kommunikationsformen als Momente einer in die Tiefe der ganzen Person reichenden menschlichen Begegnung sind im Bewußtsein der Menschen nicht einfach mit den Zwecken der Familiengründung gleichzusetzen. Je mehr sich hier die Lebensentscheidungen in verschiedene Phasen ausdifferenzieren, die aufeinander folgen bzw. nebeneinander bestehen, um so weniger wird die

akthafte Bindung an den Zeitpunkt eines Eheschlusses bzw. an seine Form eingesehen. Das ändert keineswegs etwas daran, daß die faktisch gelebten Überzeugungen in der *Intention* mit den Zielen der Moraldoktrin der Kirche übereinstimmen. Die Intention einer vollgültigen personalen Entfaltung der Geschlechtlichkeit ist in der Kirche wohl kaum umstritten. Doch erscheint den Menschen in der Kirche eine normative Kasuistik hier nicht als das geeignete Mittel, um dieser Intention gerecht zu werden.

d. Wiederverheiratung nach der Scheidung

Auch bei der Wiederverheiratung Geschiedener richtet sich der Widerspruch nicht eigentlich gegen die Intention, die in der kirchlichen Moraldoktrin zum Ausdruck kommt. Christen wollen ja tatsächlich so leben, daß sie ihre eigene Ehe unauflöslich und unverbrüchlich machen. Sie wollen also so leben, daß es nicht zum Scheitern der Ehe kommt. Sie wollen auch so leben, daß die aus dem Zusammenbruch vorheriger Ehen nach einiger Zeit neuentstehenden Ehen nicht nötig sind. Die Anerkennung von Regeln als Leitlinien des sittlichen Bewußtseins ist aber hier durchaus von der Beurteilung des Verhaltens im nachhinein zu unterscheiden. Und gerade darin liegt das Problem, weil die kirchliche Moraldoktrin in Verbindung mit den kirchenrechtlichen Sanktionen als notwendig begriffene, mit ernsthafter Überzeugung gelebte und unumkehrbare Lebensentscheidungen zum Gegenstand von Beurteilungen und kirchlichen Bestrafungen macht. Die Menschen in der Kirche suchen hier eine Moral der Annahme lebensgeschichtlicher Prozesse, in denen, wenn auch auf der Basis von Fehlentwicklungen, möglicherweise auch von Fehlentscheidungen, in denen mehr oder weniger Schuld waltet, neue Entwicklungen des Lebens zustande gekommen sind, in denen menschliche Werte gefunden und verwirklicht werden, für die Partnerschaft, für die Kinder. Die praktisch gelebten sittlichen Überzeugungen in der Kirche erwarten von der Kirche eine moralische Unterweisung, in der das Wohl der betroffenen Menschen im Vordergrund steht und nicht die Doktrin einer institutionellen Ordnung, in der der Kampf Jesu von Nazaret gegen die Hartherzigkeit der Scheidungsdoktrin seiner Zeit nicht mehr wiederzuerkennen ist.

Die kirchliche Sozial*doktrin* hat sich seit Johannes XXIII. und dem Zweiten Vatikanischen Konzil zur sozialethischen *Unterweisung* der Menschen verändert. Zu dieser kommunikativen Entwicklung im Dialog mit den „Zeichen der Zeit" und mit dem praktischen Bewußtsein der Gläubigen hat sicherlich der Paradigmenwechsel von der doktrinären zur kommunikativen Entfaltung der Wahrheit des Glaubens beigetragen. Dabei gibt es auch in der sozialen Unterweisung immer wieder Rückfälle ins Doktrinäre, wie man z.B. an der Auseinandersetzung um die Befreiungstheologie in der katholischen Soziallehre ersehen kann. Aber aufs Ganze gesehen scheint diese Entwicklung unaufhaltsam zu sein.
Wird man hier, trotz aller gegenläufigen Tendenzen, eine positive Prognose für die nachkonziliare kirchliche Entwicklung stellen können, die auch durch die sozialen Lehrdokumente des gegenwärtigen Papstes, Johannes Pauls II., bestätigt wird, so wird man die Situation im Hinblick auf die Entwicklung der kirchlichen Moraldoktrin in Fragen von existentiellen Grundentscheidungen hinsichtlich medizinisch-ethischer und sexualethischer Probleme wesentlich pessimistischer beurteilen. Die kirchliche Moraldoktrin hat in diesen Fragen nach dem Konzil eine Lernunfähigkeit bewiesen, die sie nicht nur von Entwicklungen des sittlichen Bewußtseins (deren Zweideutigkeit sicherlich auch zu beachten ist), sondern auch von der gelebten sittlichen Praxis der Christen selbst abzukoppeln droht. Die Schere zwischen kirchlicher Moraldoktrin und den gelebten Überzeugungen in der Kirche droht immer mehr auseinanderzuklaffen, auch dann, wenn über eine vielschichtige Vermittlung der Theologie und kirchlicher Bildungsinstitutionen immer wieder die Gemeinsamkeit der Intention aufrechterhalten wird. Es ist nicht abzusehen, wo hier eine Änderung eintreten könnte. Für viele Christen ist dies ein Grund ihrer kirchlichen Distanz. Dabei könnte sich viel ändern, wenn man sich auf der Basis eines gemeinsamen menschlichen Wertbewußtseins darüber verständigen würde, daß die Zeit doktrinärer normativer Wissenssysteme beendet ist und an ihre Stelle eine kommunikative Verständigung über die Verantwortung in den einzelnen Lebensbereichen und Entscheidungssituationen treten müßte. Eine Brücke für eine solche positive Entwicklung wäre es, wenn man in der Kirche die Anziehungskraft der Werte und positive

Modelle von menschlichen Grundhaltungen *gemeinsam* in den Vordergrund zu stellen versuchte. Es ist nicht zuletzt ein Nachteil der kirchlichen Moraldoktrin, daß sie etwa in Fragen der Sexualethik nicht in der Lage ist, eine positive, anziehende und werbende Grundgestalt des sittlichen Lebens zu entwerfen. Der Vorrang der Vermeidungsimperative in der kirchlichen Sexualethik, aber auch in sonstigen Situationen der Lebensentscheidung, gibt der kirchlichen Moraldoktrin ein eigentümlich starres und negatives Gepräge. Die Unfreiheit in der theologischen Diskussion, soweit sie sich im Raum kirchlicher Öffentlichkeit bewegt, ist kein guter Nährboden für eine Aufbruchstimmung in Sachen der Moral. Der Ablauf von Bischofssynoden, wie z.B. der Familiensynode von 1980, macht deutlich, daß die Moraldoktrin der Kirche sich gegenüber der Weisheit faktisch gelebter Überzeugungen der Christen und der Vernünftigkeit theologisch-ethischer Argumentation eher abzuschotten versucht. Ein solches Klima wirkt keineswegs moralisch erhebend. Es ist kein Klima der Offenheit, sondern ein Klima der Ängstlichkeit; es ist kein Klima der „communio“, sondern ein Klima der Behauptung von Machtpositionen. Die Autorität des Lehramtes leidet ebenso darunter wie die konkrete Weitergabe des Glaubens. Die Prognose ist schlecht, aber das ist kein Grund für die Theologie, ihre vermittelnde Arbeit einzustellen.

Welche Richtung könnte diese vermittelnde Arbeit einschlagen? Ich habe schon darauf hingewiesen, daß auf der Ebene humaner Werte und Grundhaltungen bzw. Grundmuster sittlichen Verhaltens die Übereinstimmung größer ist als auf der Ebene der normativen Anwendung. Auch ist das praktische Bedürfnis nach Orientierung unter Christen hier größer, die z.B. lieber wissen möchten, wie die Liebe in Treue im Leben positiv gestaltet werden kann, als was man wann und wo, wie oft und mit wem tun dürfe und was nicht.

Ein anderer Gedanke scheint mir jedoch wichtiger. Nachfolge Christi braucht Konkretion, der Glaube das Zeugnis verbindlicher Praxis. Die Frage ist nur, gestellt im heutigen geschichtlichen „Kairos“: Welche Konkretion, welches Zeugnis? Sind die Fragen der Befreiung, der Verteilungsgerechtigkeit, der Friedensförderung nicht wichtigere Konkretionen des Glaubenszeugnisses für heute? In der Bergpredigt zumindest sind sie gleichrangig mit den Fragen geschlechtlicher Lebensentscheidung. Wenn die Kirche in der Geschichte die Schwerpunkte ihrer Morallehre auf persönliche Lebensvollzüge verlagern durfte, darf sie dann heute nicht, im Angesicht der

„Zeichen der Zeit" ebenso wie im Angesicht des Evangeliums, die Schwerpunkte ihrer Morallehre in der Konkretisierung des sittlichen Verhaltens anders setzen (ohne den doktrinären Stil dieser Lehre beizubehalten)?

Siebtes Kapitel
Zeitlose Lehre oder lehramtliche Neuerungen?

1. Von „Casti Connubii“ (1930) bis „Humanae Vitae“ (1968) – Kontinuitäten und Sprünge in der Lehrtradition*

Anfang 1989 erschien in den „Theological Studies“ ein Artikel von Lisa Sowle Cahill, der sich mit den Ursprüngen und der Bedeutung des personalistischen Denkens in der katholischen Sexualethik beschäftigt.[1] Sie stellt fest, daß das Argument mit der Würde der Person in der Kirche keine Übereinstimmung erzielt. Die einen meinen, die *physische* Integrität von Sexualakten drücke den Respekt vor der leiblich-schöpferischen „Natur“ der Personen aus, während ihre Kritiker die gleichen Personen als Verantwortungsträger betrachten, welche die physischen Akte auf ihre geistige und soziale Bedeutung hin erst zu bestimmen haben. Merkwürdigerweise hat die Debatte um die Autonomie des Sittlichen einerseits und die Glaubensethik andererseits auf diese Fragestellung ebensowenig einen entscheidenden Einfluß wie die Diskussion über die deontologische und/oder teleologische Begründung sittlicher Urteile.[2] Denn es finden sich autonome Ethiker wie Alfons Auer und Glaubensethiker wie Bernhard Häring ebenso in der kritischen Position vereint wie milde Deontologen und konsequente Teleologen, die für die ver-

* Erscheint zugleich in: P. Hünermann (Hg.), Lehramt und Moral, Düsseldorf 1990.

1 Vgl. L.S. Cahill, Catholic Sexual Ethics And The Dignity Of The Person: A Double Message, in: Theological Studies 50 (1989), 120-150. Wie sehr mir dieser Artikel die Aufgabe erleichtert hat, liegt in den folgenden Hinweisen auf der Hand.

2 Vgl. zur Diskussion etwa: D. Mieth/F. Compagnoni, Ethik im Kontext des Glaubens. Probleme-Grundsätze-Methoden (Studien zur Theologischen Ethik, Bd. 3), Freiburg i.Ue/Freiburg i.Br., 1978; B. Schüller, Die Begründung sittlicher Urteile. Typen ethischer Argumentation in der Moraltheologie, Düsseldorf [2]1980. Die von J. Gründel, Die Zukunft der christlichen Ehe. Erwartungen, Konflikte, Orientierungshilfen, München 1978, 164-169, veröffentlichten Stellungnahmen deutscher Moraltheologen zwischen 1968 und 1976 sind jeweils von Vertretern unterschiedlicher Begründungsmuster unterzeichnet.

antwortete Elternschaft im konkreten Ergebnis übereinstimmen können. Fast scheint es, als habe man in der Geburtenregelungsdebatte doch immer wieder am entscheidenden Punkt des Dissenses vorbei diskutiert, das heißt, am Verständnis des Person-Seins des Menschen.

Die theoretischen Differenzen in dieser Frage, so meint Lisa Cahill, werden in der „Schlacht" über die künstliche Geburtenregelung ausgetragen. Diese erscheine wie das kirchliche Äquivalent zu einem „war to end all wars". Cahill befürchtet freilich, daß diese Phrase Präsident Wilsons über den 1. Weltkrieg auch in ihrer Irrtümlichkeit Vorbild sein könnte – als seien wir erst noch auf dem Weg zum „2. Weltkrieg", also zur eigentlichen Krise. Solche martialischen Analogien haben ihre Grenzen, aber immerhin dürfte feststehen, daß die Geburtenregelung und die in ihrem Fahrwasser verhandelten Fragen einen Knotenpunkt der kirchlichen Auseinandersetzung mit der modernen Welt bilden. Das von Peter Hünermann kreierte Wort von der „dritten Modernismuskrise" nach den Kämpfen um die Freiheitsrechte und um die Stammesgeschichte bzw. die historisch-kritische Bibelauslegung scheint mir durchaus am Platze.[3]

Im folgenden sollen drei Punkte behandelt werden:

1. Das grundlegende Natur-Person-Argument in der Lehrtradition
2. Die historische Entwicklung zwischen 1930-1970, also zwischen *Casti Connubii* (1930) und *Humanae Vitae* (1968)
3. Einzelne Elemente in der Begründung und Bestreitung der Richtigkeit der lehramtlichen Position.

a. Das Natur-Person-Argument

Personalismus ist ein modernes Phänomen.[4] Er sieht die Person als

3 Vgl. P. Hünermann, Droht eine dritte Modernismuskrise? Ein offener Brief an den Vorsitzenden der Deutschen Bischofskonferenz, in: Herderkorrespondenz (1989), Heft 3.

4 Vgl. M. Müller/W. Vossenkuhl, Art. Person, in: Handbuch philosophischer Grundbegriffe, Bd. 4, München 1973, 1059-1070; A. Schöpf, Art. Person, in: Lexikon der Ethik, hg. v. O. Höffe u.a., München 1977, 180-182; J. Schwartländer, Der Mensch ist Person, Stuttgart 1968; J.P. Wils, Sittlichkeit und Subjektivität (Studien zur Theologischen Ethik, Bd. 21), Freiburg i.Ue/Freiburg i.Br. 1987; unverständlicherweise fehlt der Artikel „Person" in der Nomenklatur des Wörterbuches Christlicher Ethik, hg. v. B. Stoeckle, Freiburg 1975; vgl. dagegen G. Klaus/M. Buhr, Philosophisches Wörterbuch, Bd. 2, Leipzig 1976, 920 (aus marxistischer Sicht).

gestaltende Mitte ihrer Handlungen. Theologisch gesehen ist sie gerade so von der Schöpfung gewollt und als neues Geschöpf der Erlösung aufgebaut. 1929 veröffentlichte Dietrich von Hildebrand ein Buch über „Die Ehe", in dem er zwischen dem ersten *Sinn* und dem ersten *Zweck* der Ehe, zwischen Liebe und Fruchtbarkeit, unterschied.[5] Obwohl D. v. Hildebrand keine Folgerung im Hinblick auf die Geburtenregelung zog, die von der Tradition abwich, war damit der Weg für den Vormarsch des Personalismus bereitet. Dieser ist vor allem mit dem Namen Herbert Doms verbunden, sah aber diesen keineswegs als Einzelkämpfer.[6] Doms führte auch das Argument der ehelichen Selbsterfahrung und der neuen wissenschaftlichen, bio-anthropologischen Erkenntnisse in die Debatte ein. Man mag zwar heute sagen, daß der große Kirchenlehrer Thomas von Aquin, auf den man sich in dieser Debatte, oft in sehr unterschiedlicher Weise, bezieht, „ansatzweise bereits unsere moderne Auffassung (vertrat), daß nämlich die biologische Gestalt der Ehe von der personalen Gestalt durchformt werden müsse und in der sakramental-göttlichen Gestalt ihre Vollendung finden sollte."[7] Aber Thomas irrte sich in der biologisch orientierten Ehezwecklehre und in der Biologie des Sexualaktes, weil er nicht erkennen konnte, wie wenig zielgerichtet hier die Natur beim Menschen zu Werke geht.[8] Die prästabilierte Harmonie von naturalem und personalem Telos war nicht gegeben, sie hielt der wissenschaftlichen Kritik nicht stand.

Obwohl die Enzyklika *Casti Connubii* von Pius XI. (1930) Elemente personalistischer Sprache in sich aufnahm, meinte sie, an der wesentlichen Priorität des Fruchtbarkeitszweckes festhalten zu müssen. Der Grund ist in der kosmologischen Teleologie der Neuscholastik

5 München 1929; amerikanische Übersetzung New York 1942; vgl. L.S. Cahill, aaO. 123.

6 Vgl. H. Doms, Vom Sinn und Zweck der Ehe, Breslau 1935.

7 A. Ziegler, Sexualität und Ehe, in: ders. u.a., Sexualität und Ehe. Der Christ vor einem Dauerproblem, Zürich 1981, 28-67, hier: 35f.

8 Man denke nur an die unsichere Befruchtung (vgl. Doms, aaO. 175) und an den natürlichen Verlust befruchteter Eizellen vor der Einnistung. Die Diskussion über die Kastration der Männer nach 1600 zeigt übrigens, wie wenig klar der Stellenwert des „Natürlichen" in der christlichen Sexualethik zu Beginn der Neuzeit war. Das Kastratenwesen wurde zwischen 1600 und 1900 kirchlich toleriert, von einigen Theologen gar moralisch erlaubt. Vgl. A. Ziegler, aaO. 42f, und P. Browe, Zur Geschichte der Entmannung. Eine religions- und rechtsgeschichtliche Studie, Breslau 1936.

zu suchen, in welcher die Vernunft vor allem als objektiv-finale Zweckrationalität waltete und damit eine Transparenz des Weltbildes der Schöpfung und eine objektiv sichere Orientierung garantierte. Die Hierarchie der Ehezwecke ist im wesentlichen darin begründet, daß der Fruchtbarkeitszweck sich in die übergreifende Finalisierung der Schöpfung leichter einordnen läßt. *Casti Connubii* geht vom Gleichklang von Vernunft und Natur (DS 3702) aus. Wenn aber von der Vernunft der Natur die Rede ist, dann handelt es sich um die „fecunditas". Von der augustinischen Ehe-Dreiheit „proles, fides, sacramentum" ist „proles" der Naturalzweck, „fides" und „sacramentum" sind dagegen Verzierungen („decoratur"). Lapidar heißt es: „Itaque primum inter matrimonii bonum tenet proles." (DS 3704) Die Finalursache wird rigoros über die Wirkursache gestellt.

Dem Ehekonsens wird mit dem Catechismus Romanus konzediert, die Liebe könne ebenfalls als erste Ursache und als Sinn der Ehe erscheinen, wenn auch nicht im engeren Sinn wie die Zeugung, sondern im weiteren Sinn, der auch „totius vitae communio, consuetudo, societas" einschließt (DS 3707). Das Bild vom Zentrum Zeugung und von der Peripherie Liebe legt sich nahe, und wir werden gleich sehen, daß dies von den Kommentatoren auch so begutachtet und verstanden wurde.

In jedem Fall war die Zeugungsfrage auch für die Natur des Aktes bindend, so daß es außer der Enthaltsamkeit hier keine Einschränkung gibt. „Was gegen die Natur ist, kann nicht mit der Natur in Übereinstimmung gebracht werden. Da aber der eheliche Akt nach seiner Natur zur Zeugung des Kindes bestimmt ist, handeln diejenigen, welche bei seiner Ausführung absichtlich den Akt seiner natürlichen Kraft und Qualität berauben, gegen die Natur, schimpflich und in sich schlecht."[9] Als Schriftbeweis dient Gen 38, 8-10, Onans Vermeidung der Zeugung. Wo „de industria hominum" das Ziel der Zeugung verwehrt wird, wird Gottes und der Natur Gesetz gebrochen. Wer die entsprechenden Sünden freilich eher erduldet als begeht – die Frauen! –, kann mit kirchlich-pastoralem Verständnis rechnen.[10]

Erst mit *Gaudium et Spes* im II. Vatikanum wird die hierarchische Ehezwecklehre durchbrochen (n.51), ebenso in *Humanae Vitae* (n. 12); freilich wird dort jeder dieser beiden Zwecke im gleichen Akt

9 DS 3716.

10 Vgl. DS 3718.

verpflichtend.[11] Daraus ergeben sich neue Ungereimtheiten. Jedenfalls ist Cahills Feststellung richtig: „Im 19. und frühen 20. Jahrhundert sah die katholische Moraltheologie im Sex eine enge Verbindung zwischen Sexualakt und natürlicher Prokreation und betrachtete deshalb die anderen Dimensionen sexueller Erfahrung als zweitrangig."[12] Es gibt einen Kommentar zu *Casti Connubii* in Frage- und Antwort-Form von dem Jesuiten Arthur Vermeersch, in dem Fragen stehen wie: „Welches sind die Mißbräuche der ehelichen Vereinigung, die hier vom Heiligen Vater verdammt werden?" und: „Haben wir diese feierliche Erklärung als Unfehlbare Definition zu verstehen?" (Antwort: „Ja!")[13] Ohne „fundamentum in re" ist diese Auslegung nicht, denn Pius XI. spricht von „doctrina solemniter praedicanda" und von einer „promulgatio" der „ecclesia catholica" „in signum legationis suae divinae ... per os Nostrum" (DS 3717), zumindest eine Sprache, die stark dogmatisierend ausgelegt werden kann.

Fassen wir noch einmal das Zentrum dieser Basisannahme der Doktrin ins Auge:

1. Die Natur wird unabhängig von der geschichtlichen Erfahrung und interpretativen Vernunft des Menschen als rational-finale Schöpfung Gottes betrachtet.
2. Der Naturbegriff ist kosmisch-ganzheitlich.
3. Die Finalisierung der Natur ist dem Menschen vorgegeben und aufgegeben.
4. Der Mensch ist Person, insofern er seine „embodied nature"[14], seine fleischgewordene Natur, in sich und anderen respektiert, zumal die theologische Qualifikation des Personseins zuallererst im Geschöpf-Sein des Menschen ansetzt.

11 Vgl. *Humanae Vitae*, n.12: „Diese Lehre ... beruht auf der untrennbaren Verbindung der zweifachen Bedeutung des ehelichen Aktes, die von Gott gewollt ist und die der Mensch nicht eigenmächtig aufheben kann, nämlich die liebende Vereinigung und die Fortpflanzung."

12 L.S. Cahill, aaO. 122.

13 A. Vermeersch, What is Marriage? New York o.J. 35f. Vgl. L.S. Cahill, aaO. 123.

14 L.S. Cahill, aaO. 120.

„Wie glaubwürdig war dieser Ansatz für die Erfahrung der Ehepaare?" fragt Lisa Cahill[15] und greift noch einmal auf die Personalismus-Debatte der dreißiger Jahre zurück, die mit der Verurteilung von Doms Buch Anfang 1940 ihr vorläufiges Ende fand. (Man darf dabei nicht vergessen, daß auch andere Moraltheologen ihre „missio" verloren. Nach *Casti Connubii* und nach *Humanae Vitae* gab es jeweils Säuberungsaktionen.) D. von Hildebrand, der die Aussagen der Enzyklika mit der Phänomenologie der Selbsthingabe korrigierte und diese aus der Peripherie ins Zentrum stellte, griff die Lehre über die Geburtenregelung nicht direkt an und blieb ungeschoren. Doms, der ebenso wie Hildebrand die lebenslange „communio" der Gatten gegenüber dem Aktfetischismus betonte, konnte dies mit Argumenten aus wissenschaftlicher Anthropologie und ehelicher Selbsterfahrung begründen. Aber seine heute gängige Auffassung, das Kind sei eine Bereicherung der Ehe als „communio", keineswegs aber eine substantielle Veränderung, sah sich einem Dekret des Heiligen Offiziums vom 1. April 1944 gegenüber, das „gewisse moderne Autoren" verurteilte, die „entweder leugnen, daß das erste Ziel der Ehe die Zeugung und Erziehung von Kindern sei, oder lehren, daß die zweitrangigen Eheziele nicht wesentlich dem ersten Ziel unterzuordnen, vielmehr gleichrangig und unabhängig davon seien."[16]

Diese Verurteilung würde heute auch die päpstlichen Dokumente treffen. Doms hatte von einem *unmittelbaren* Ziel im Sexualakt gesprochen: dies sei die zeichenhafte Realisierung der Zwei-Einheit von Mann und Frau. Erst *mittelbar* gehe es um die Zeugung. Als Gegner erwies sich vor allem der Jesuit John Ford, später einer der Autoren des sog. „Minderheitsvotums" in der Pillenkommission Pauls VI. Ford behauptete, das Wesen der Ehe dürfe nicht – wie er Doms unterstellte – maximalistisch-personal, sondern nur von einem Minimum her bestimmt werden, ohne das die Ehe nicht bestehen könne. Der juridisch faßbare Konsens, dessen Zentrum die Prokreation sei, impliziere zwar die Lebens-Partnerschaft, aber die aktuelle Realisierung der partnerschaftlichen Ziele sei nicht für jede bestehende Ehe wesentlich. „Auch eine Ehe, in der sich weder ge-

15 AaO. 123.

16 Vgl. DS 3838.

genseitige Hilfe, noch gemeinsames Leben finden, statt dessen Haß statt Liebe, und völlige Trennung, sowohl körperlich wie geistig, bleibt eine wahre Ehe in dem Sinne, daß das Wesen der Ehe sich immer noch darin befindet."[17]

Das Wesen der Ehe nach Ford ist ein Bund, der aus Rechten und Pflichten besteht, welche sich auf die Akte beziehen, die die Zwecke oder Ziele der Ehe zu realisieren haben. Nicht die Lebenspartnerschaft, sondern die in den Akten repräsentierten Zwecke sind für Ford entscheidend, und deshalb ist „die aktuelle Qualität des ehelichen Lebens nicht wesentlich für die Ehe. In Tausenden von Ehen finden wir keine Spur davon, aber sie sind richtige Ehen."[18] Zwanzig Jahre später (1964), in einem gemeinsam mit Gerald Kelly verfaßten Ehebuch, werden die „personalist (secondary) ends of marriage" zwar aufgewertet, aber weiterhin dem ersten Ehezweck, der Fruchtbarkeit, unterstellt. Cahill beobachtet an diesem Buch „an incongruous and even droll combination of old-fashioned hair-splitting and the newer experience-sensitive practicality. One is relieved to reach the end of a two-page discussion of just how far the penis must penetrate into the vagina to constitute a complete sexual act (answer: 1/3), and even more so to find finally the opinion that in any event the practice of copula dimidiata (partial penetration to reduce probability of conception) would not be wrong if there were ‚proportionate reasons' to avoid more children. Reading at least some of the signs of the times, the authors note that ‚modern theologians' recognize that sexual pleasure is legitimate and valuable in itself."[19]

Solche kasuistischen Fragen, meist an das Offizium gestellt, waren in diesen Jahrzehnten gang und gäbe. Überwiegen nach dem „Denzinger" zur Zeit Pius' X. noch die Entscheide der Bibelkommission, über die wir heute meist lächeln, so finden wir bald nach dem 1. Weltkrieg eine fortschreitende Vermehrung ehekasuistischer Fragen, z.B. „De usu matrimonii onanistico" (1916, D 3634), „De usu matrimonii onanistico ope instrumenti", „De copula dimidiata" (s.o.; 1922, D 3660 ff), „De masturbatione directe procurata" (1929,

17 J.C. Ford, Marriage: Its Meaning and Purposes, in: Theological Studies 3 (1942), 333-374, hier: 348; vgl. dazu L.S. Cahill, aaO. 124f.

18 J.C. Ford, aaO. 360.

19 L.S. Cahill, aaO. 125f zu J. Ford/G. Kelly, Contemporary Moral Theology 2: Marriage Questions, Westminster 1964, 32.

D 3684). Hier taucht auch die bereits 1880 gestellte Frage nach der Zeitwahl wieder auf (1932), und verwiesen wird auf die damalige (1880) Antwort: Wenn die Gatten in dieser Art handeln, sind sie nicht zu beunruhigen, und der Beichtvater könne sie vorsichtig dahingehend beraten, wenn auf eine andere Weise das verabscheuungswürdige Verbrechen des Eheonanismus (wohl coitus interruptus oder Petting) vergebens zu verhindern versucht worden sei (D. 3148). Die Themen häufen sich, neue Fragen wie die Sterilisation tauchen auf. Das Buch von Ford und Kelly (1964) entwickelt kasuistische Toleranz, wo strikte Vorschriften fehlen, etwa bei Themen wie „vielfacher Orgasmus der Frau“ oder „oralgenitale“ Kontakte.[20] Demgegenüber ist die Position in der Geburtenregelung unverändert hart: in sich schlecht, schwere Sünde, kein Rechtfertigungsgrund denkbar, keine substantielle Veränderung möglich. Fast hat man den Eindruck, daß dieser Geßlerhut zum Kulminationspunkt der Sexualdoktrin wird, wodurch bei seinen Befürwortern wohl um so mehr der Eindruck entsteht, es mit einem „articulus stantis et cadentis ecclesiae“ zu tun zu haben. Oft stellt man sich die Frage, inwieweit diese Positionalität in der Sexualethik eine innere Machtbastion darstellt, auf welche sich die Kirche nach Verlust äußerer Macht zurückgezogen hat.

In diese Situation bricht die Erfindung der Ovulationshemmer ein. Einer der Erfinder, John Rock, verband als Katholik damit große Hoffnungen[21], weil der Ablauf des Aktes damit nicht tangiert war. Die Diskussion einer Moraltheologie, die ohnehin in der Sexualethik auf den Punkt „Fruchtbarkeit“ in apologetischer Stellung fixiert war, begann 1957, vor allem als Diskussion über die doppelte Wirkung einer Handlung. Die Pille könne aus therapeutischen Gründen erlaubt sein, z.B. wenn die Intention sich auf die Regulierung des Menstruationszyklus richte. 1958 bestätigte Pius XII. diese Auffassung.[22]

Die moraltheologische Diskussion ändert zwar nichts an der grundsätzlichen Verbotsnorm, wohl aber an der Begründung. Immer weniger war von der physischen Integrität des Aktes und immer mehr

20 Vgl. J. Ford/G. Kelly, aaO. 226-228.

21 Vgl. J.Rock, The Time Has Come, London 1963; dazu L.S. Cahill, aaO. 130.

22 Ansprache zum 7. Internationalen Hämatologen-Kongreß vom 12. Sept. 1958, in: O.M. Liebard (Hg.), Official Catholic Teachings: Love And Sexuality, Wilmington 1978, 237.

von personalen Werten die Rede. Der Zeugungsgehalt des Aktes wurde nun personal als Liebe zur Vaterschaft des Mannes und Mutterschaft der Mutter erklärt oder verklärt. Was später Johannes Paul II. als Begründung in den Vordergrund stellen sollte, erschien bereits 1961 bei Paul M. Quay, der die These aufstellte: „Jeder einzelne Akt ist ein natürliches Zeichen der vollen, gegenseitigen, prokreativen Liebe der beiden Partner", demgegenüber die Verhütung als Zeichen „monströser Selbstsucht" erscheine. Wer ein Kondom benutze, berühre die Frau nur äußerlich und teile mit ihr nicht das eigene Wesen. Ähnliche Äußerungen finden sich für von Frauen benutzte Präservative.[23]
Cahill schildert die um diese Zeit (1961) besonders virulente Diskussion um die Nonnen im Kongo. Amerikanische praktische Direktheit ließ sich diesen „Testfall" für die Kasuistik der Pille nicht entgehen. Die Aufmerksamkeit bewegte sich damit auf das Wohl der Frau zu, der Vergewaltigung drohte. War hier der primäre Zweck des Selbstschutzes ein Grund für die präventive Pille? Drei römische Moraltheologen, P. Palazzini, F. Hürth und F. Lambruscini, bejahten dies.[24] Andere verwiesen darauf, daß die künstliche Verhütung in jedem Fall in sich schlecht sei. Manche dehnten das Prinzip der legitimen Selbstverteidigung der Frau auf den Fall einer verheirateten Frau aus, die zur ehelichen Pflicht gezwungen sei, aber aus gesundheitlichen Gründen keine Kinder mehr bekommen könne. Diese Debatte lenkte das Augenmerk auf die „circumstantiae-Lehre", d.h. auf das traditionelle Argument, daß eine Bewertung von Handlungen nicht unabhängig von ihrer Definition durch die Umstände vorgenommen werden könne. Autoren wie L. Janssens, J.M. Reuss, W. van der Marck begannen Ende 1963 im Kontext des Zweiten Vatikanischen Konzils offen die Möglichkeit des Gebrauchs von Contraceptiva zu erörtern.[25] Janssens und van der Marck sahen den Vorteil der Pille

23 Vgl. P.M. Quay, Contraception And Conjugal Love, in: Theological Studies 22 (1961), 18-40; dazu L.S. Cahill, aaO. 129.

24 Vgl. A. Valsecchi, Controversy: The Birth Control Debate 1958-1968, Washington 1968. Die Thesen der erwähnten römischen Theologen finden sich in: Studi Catholici 26 (1961). Vgl. auch K. Demmer, Die moraltheologische Diskussion um die Anwendung sterilisierender Medikamente, in: Theologie und Glaube 53 (1963), 429-433. Dazu L.S. Cahill, aaO. 129.

25 Vgl. L. Janssens, Morale conjugale et progestogenes, in: Eph. theol. Lovanienses 39 (1963), 787-826; W. van der Marck, Vruchtbaarheidsregeling, in: Tijdschrift voor theologie 3 (1963), 379-413; J.M. Reuss, Eheliche Hingabe und Zeugung, in: ThQ 143 (1963), 454-476. Weitere Angaben bei L.S. Cahill, aaO. 130.

darin, daß sie die Struktur des Aktes intakt lasse. Reuss hielt es nicht für richtig, die eheliche Liebe und ihren sexuellen Ausdruck durch die Zeitwahl einzugrenzen. Zur Ergänzung der Zeitwahl seien „unter Umständen" (s.o.) andere Methoden in Betracht zu ziehen. Es wundert nicht, daß in dieser Situation dagegen bereits das Argument mit der Irrtumslosigkeit des authentischen ordentlichen Lehramtes vorgebracht wurde (Kelly).[26]

Als Argument gegen die Pille nannte Gerald Kelly (Contraception and Natural Law, 1963): Die Zeugungsfunktionen des Körpers sind besonders verletzlich, weil sie der Weitergabe des Lebens dienen. Gegenseitige Selbstschenkung und Weitergabe des Lebens sind die beiden unverzichtbaren Momente der Liebe im ehelichen Akt, welche auch im unfruchtbaren Akt der Intention nach enthalten seien.[27] Kelly zeigt bereits jene Mischung von „naturaler" und „personaler" Sprache, die für die Verteidigung von *Humanae Vitae* später kennzeichnend wird.

Das klassische Werk von John Noonan über die Geschichte der Geburtenregelung erschien bereits 1965.[28] Er hielt es für „einen Fehler, die Wiederholung alter Formeln mit der lebendigen Sittlichkeit in der Kirche zu verwechseln"[29]. Die Kirche habe ihre Position zugunsten der leiblichen Prokreativität in der Auseinandersetzung mit der Gnosis, dem Manichäismus und den Katharern gewonnen. Dabei seien Kapriolen nicht ausgeschlossen: So hat z.B. Augustinus die sexuelle Enthaltsamkeit in der fruchtbaren Periode als Verhütungsmittel verurteilt, während es heute die einzige Methode ist, die von allen katholischen Theologen übereinstimmend akzeptiert wird.[30]

Noonan unterstreicht die Fakten, die etwa seit 1880 die neue Situation als Herausforderung bestimmen: das exzessive Bevölkerungswachstum, die Frauenemanzipation, die Dauer und der wachsende Anspruch an die Kindererziehung, die bessere Kenntnis der Reproduktionsbiologie, Änderung in der Sinnbestimmung sexueller Bezie-

26 Vgl. G. Kelly, Confusion: Contraception and „the Pill", in: Theology Digest 12 (1964), 123-130, hier: 124.

27 Proceedings, CTSA 1963, 25-45; vgl. L.S. Cahill, aaO. 131.

28 J. Noonan, Contraception: A History Of Its Treatment by the Catholic Theologians and Canonists, Cambridge 1965; erweiterte Neuausgabe: Cambridge 1986.

29 AaO. 532, zit. n. L.S. Cahill, aaO. 134.

30 L.S. Cahill, aaO. 120.

hungen, Erfahrung der Geschichtlichkeit und vor allem die Modifikation des „thomistischen" Naturrechts durch eine eher personalistische Sicht.[31]
Demgegenüber wurde die Konsistenz der kirchlichen Lehre hochgehalten, die bisher einen unmittelbaren Eingriff in die Zeugung ausschloß. Das Gegenstück zu Noonans Buch schrieb 1964 Germain Grisez: „Contraception and the Natural Law". Er gestand zu, daß es nicht durchweg falsch sei, eine „natürliche" Fähigkeit daran zu hindern, ihr Ziel zu erreichen; Zeugung sei keine absolute Pflicht. Grisez versuchte aber, mit einem – jetzt immer wieder neu unternommenen – Rückgriff auf Thomas von Aquin, gegen das herrschende spekulative Naturrecht einen mehr induktiven Ansatz bei den „inclinationes naturales" zu vermitteln. Der direkte Eingriff in den Zeugungsverlauf sei falsch, weil er sich gegen dessen natürliche Tendenz wende.[32] Das Kriterium der Unterscheidung wird nun Direktheit/Indirektheit, wobei der periodischen Enthaltsamkeit der Vorteil der Indirektheit zukomme.
Cahill hat die Einwände gegen Grisez deutlich gemacht: erstens seien nach Thomas die natürlichen Neigungen keineswegs gleichrangige Anzeichen menschlicher Güter; zweitens sei es nicht einsichtig, warum Verhütung innerhalb einer ansonsten fruchtbaren Beziehung als gegen das Gut der Zeugung gerichtet verstanden werden müsse.[33] Der erste Einwand wendet sich gegen die Überbewertung der noch nicht spezifizierten menschlichen Natur, der zweite gegen die Isolierung der einzelnen Akte, wie sie dann später für *Humanae Vitae* typisch wurde.
Das Zweite Vatikanische Konzil, zu dessen Zeit diese Debatte ablief, bezog keine definitive Position, weil der Papst sich, ausgehend von den Empfehlungen einer eigens dafür vorgesehenen Kommission, dieses Thema vorbehielt.[34] Das Konzil hat freilich im Sinne der vorgezeichneten personalistischen Entwicklungen eine „Neubesinnung

31 Vgl. J. Noonan, aaO. 491.

32 Vgl. G. Grisez, Contraception and the Natural Law, Milwaukee 1964, 46-53, 69, 85, 90-92, dazu L.S. Cahill, aaO. 135f.

33 Vgl. L.S. Cahill, aaO. 136f.

34 Der Mehrheits-Report dieser Kommission wurde am 26.6.1966 förmlich als „Schema documenti de responsibili paternitate" vorgelegt, vgl. Liobard, aaO. 314-320; Literatur dazu bei L.S. Cahill, aaO. 137.

auf die Ehe als Liebesgemeinschaft" vollzogen.[35] Nach Josef Ratzinger – in seinem Kommentar zur letzten Sitzungsperiode des Konzils – hatte sich die Kirche damit vom stoischen Erbe abgewandt, indem sie zwei Kategorien eliminierte, die bis dahin in der kirchlichen Ehelehre dominierten: die Kategorie des „Zweckes" im Rahmen einer Betrachtung des Menschen als Gattungswesen und die Kategorie des „secundum naturam" als Letztinstanz. Der stoische „Naturalismus" hatte nach Ratzinger die Natur fälschlich durchgottet. Ratzinger formuliert: „Weder die Redeweise vom Erstzweck der Kindeserzeugung noch diejenige vom ehelichen Ethos ‚gemäß der Natur' taucht darin auf. In dieser mit großer Mühe erstrittenen Eliminierung der antiken Deutungskategorien zeichnet sich wohl die durchgreifende Wende des ethischen Ansatzes gegenüber der äußeren Form der bisherigen moraltheologischen Tradition mit besonderer Deutlichkeit ab. Der generativen Betrachtung tritt eine personale entgegen ..."[36] Ist das derselbe Kardinal Ratzinger, der später, 1987, die Instructio der Glaubenskongregation *Donum Vitae* unterzeichnete? Auch im Bereich der Geburtenregelung sah Ratzinger eine durchgreifende Wende für die „Weise, wie das Gewissen in Funktion treten kann". Er fand freilich angesichts der Zurückhaltung des Textes in normativen Fragen die Sorge damals „nicht gänzlich unberechtigt", es könne durch den „Rückgriff auf das kirchliche Lehramt" dazu kommen, „daß trotz neuer Worte in der Sache alles beim alten bleibe".[37]

In der Tat blieb das Konzil hier zweideutig, denn es verwies zugleich auf die Lehre und auf die mögliche Lehrentwicklung. Der päpstlichen Expertenkommission kam somit eine besondere Bedeutung zu. Das Ergebnis dieser Kommission war eine Revision der Lehre. Das sogenannte „Minderheitsvotum" war kein Ergebnis, sondern eine Eingabe einer nicht mehr autorisierten Gruppe. In den meisten Zeitschriften, so in der Herder-Korrespondenz, wurde dies falsch dargestellt.[38] Es war eigentlich kein „Votum". Das entscheidende Votum

35 Vgl. L. Kaufmann, Der Fall Pfürtner, Freiburg i.Ue 1987, 43. Kaufmanns Kapitel über *Humanae Vitae*, aaO. 40-59, ist gut recherchiert, zeigt aber auch auf, daß die Ereignisse um die Entstehung von *Humanae Vitae* noch besser geklärt werden müßten.

36 H. Ratzinger, Die letzte Sitzungsperiode des Konzils, Köln 1966, 52.

37 Ebd.

38 Vgl. L. Kaufmann, aaO. 47.

der Kommission lag in der Abstimmung über die Frage des „intrinsice malum", in der sich die Mehrheit für die Weiterentwicklung der Lehre abzeichnete (16:4). Die abweichende Meinung der vier Theologen, darunter der schon erwähnte amerikanische Jesuit John Ford, war vor allem in der Konsistenz und Konstanz der Lehrautorität und damit nicht mehr sachbezogen begründet. Ein anderer amerikanischer Theologe, J.C. Murray, sprach nach der Wende des Konzils zur Religionsfreiheit vom „Irrtum des Archaismus" in der Kirche, „der das Denken der Kirche auf irgendeiner Stufe ihrer Entwicklung anhalten und die Möglichkeit eines neuen Wachstums versperren will"[39]. Diese Kirche akzeptiere diesen Irrtum nicht mehr.

Humanae Vitae wurde ein einsamer Entscheid des Papstes in vermeintlicher Treue zu seinen Vorgängern. Die personalistische Wende in der Beschreibung wurde übernommen, aber sie wirkte sich nicht in der Normierung des Problems aus. Die Frage der Geburtenregelung wurde damit von der Moralfrage in die ekklesiologische Frage verschoben. Damit beschwor die Enzyklika gerade das herauf, was sie zu vermeiden versuchte: die Frage nach der Glaubwürdigkeit der Kirche und nach der Humanität des christlichen Glaubens in der Sexualethik. „Rückblickend", so sagt Frau Cahill mit Recht, „scheint es möglich, daß Humanae Vitae jene Konsequenzen herbeiführte, die es bekämpfen wollte: erstens, indem sie (die Enzyklika) die Überzeugung vieler Kirchenglieder unterminierte, daß das Lehramt nicht nur den Wert, sondern auch die Komplexität und Schwierigkeit voll anerkennt, verantwortliche Beziehungen sexueller, ehelicher und elterlicher Art aufzubauen; und zweitens, indem *Humanae Vitae* die Gelegenheit verpaßte, einen klugen und barmherzigen Rat anzubieten, der die Anstrengungen der Christen ermutigen konnte, moderne Zerstörungen des sexuellen Lebenssinnes zu überwinden und so eine Verantwortlichkeit aufzubauen, die an die Kinder weitergegeben werden konnte"[40]. Das Lehramt folgte und folgt heute noch der unglückseligen Tendenz „to construct ‚the' experience of marital sexuality as an invariant thing, a reification which the turn to experience itself already had begun to undermine"[41].

Paul VI. war es gelungen, in der Sozialethik die Anthropologie der

39 In: J. de Smedt (Hg.), La Liberté religieuse, Paris 1967, 217.

40 L.S. Cahill, aaO. 132.

41 AaO. 133.

Moderne zu berücksichtigen und dabei zugleich neue Möglichkeiten des Menschseins in Gerechtigkeit und Freiheit aufzuzeigen. Am „Bekehrungsprozeß" seiner Kommission nahm er nicht teil. Er konnte ihren Erwartungen nicht entsprechen, und er wußte auch zehn Jahre nach Erscheinen der Enzyklika, kurz vor seinem Tode, genau, daß die Geburtenregelung inzwischen nicht nur eine ekklesiologische Frage im Hinblick auf das Lehramt des Papstes, sondern auch eine ekklesiologische Frage im Hinblick auf das Verhältnis Ortskirche und Heiliger Stuhl geworden war.[42] Nach einigen Berichten waren die „essentials" der Endredaktion der Enzyklika die Kontinuität der Lehre, der Widerstand gegen den Hedonismus und gegen staatlich aufgezwungene Familienplanung. Letzteres waren Momente, die zu der „anderen Lesart" von *Humanae Vitae* in der dritten Welt führten.[43] Daß von *Humanae Vitae* anschließend eine Säuberungswelle an kirchlichen Hochschulen ausging, sei nur am Rande erwähnt.[44]
Die Enzyklika liest sich noch heute merkwürdig janusköpfig zwischen Personalismus und Naturalismus, wie Ratzinger schon das Ergebnis des Konzils beschrieben hatte. Einerseits beharrte man auf dem „in sich schlecht" der direkten Verhütung, andererseits wurde der Begriff der „schweren Sünde" vermieden, was auf den Papst selbst zurückgehen soll.[45] Wenn man die große Lehrentwicklung der Sexualethik in zwei Jahrtausenden ins Auge faßt, dann wäre eine Entwicklung im 20. Jahrhundert über *Casti Connubii* hinaus keineswegs dramatisch gewesen. Albert Ziegler hat sich der Frage einer „gleichbleibenden Lehre der Kirche" in dieser Sache angenommen.[46] Seine die moralhistorische Literatur zusammenfassenden Überlegungen führen zu folgendem Ergebnis: „Im Blick auf Ehe und Sexualität hat sich die Lehre der Kirche im Laufe der Jahrhunderte vielfach gewandelt ... Die Kirche lehrt: Der Geschlechtsverkehr, sofern er in der Ehe geschieht, ist

1. nur ein notwendiges Übel;
2. gut, sofern das Kind gewollt und die Lust vermieden wird;

42 Vgl. L. Kaufmann, aaO. 41f.

43 Vgl. aaO. 54f.

44 Vgl. aaO. 55f. Kaufmann erwähnt Fälle: in Washington, in Mailand (Ambrogio Valsecchi).

45 Vgl. L. Kaufmann, aaO. 51-54, bes. Anm. 30 und 31.

46 A. Ziegler, aaO. 28ff.

3. auch die geschlechtliche Lust ist gut, vorausgesetzt, daß sie nicht bloß um der Lust willen gesucht wird;
4. dabei muß das Kind gar nicht unbedingt gewollt, es darf nur nicht bewußt ausgeschlossen werden;
5. auch das Kind darf ausgeschlossen werden, vorausgesetzt, daß man beim ehelichen Verkehr der Natur nicht in den Arm fällt und sich an die natürlicherweise unfruchtbaren Tage der Frau hält;
6. der Geschlechtsverkehr in der Ehe ist gut, wenn die Ehe als ganze fruchtbar bleibt, auch wenn beim einzelnen ehelichen Akt die Empfängnis mit anderen als mit der ... Methode der Zeitwahl verhindert wird."[47]

Der letzte, sechste Schritt, wurde von Paul VI. nicht vollzogen. Er wäre angesichts dieser Entwicklungsreihe keineswegs eine Revolution gewesen. Sein Ausbleiben und die darauf folgende im ganzen eher repressive Entwicklung hatte schwerwiegende Folgen, nicht zuletzt auch das Schwanken der personalistisch orientierten Moraltheologen zwischen Resignation und Zynismus.

c. *Einzelne Elemente in der Begründung und Bestreitung der Richtigkeit der lehramtlichen Position*

Im folgenden sollen die Elemente, um die der Streit geht, nur beschrieben und nicht im einzelnen diskutiert werden. Das bleibt anderen Beiträgen vorbehalten. Die Elemente sind gut zu unterscheiden in

1. Ekklesiologische Argumente
2. Anthropologisch-ethische Argumente
3. Pastoral-praktische Argumente.

Zu 1. Ekklesiologische Argumente. Bisher wurde vor allem das Argument mit der *Konstanz* der kirchlichen Argumentation betrachtet. In der Enzyklika heißt dies: „ecclesia sibi suaque doctrina constat" (n.4). Es wurde deutlich gemacht, wie sehr dieses Argument formal auf eine Ablehnung lebendiger Glaubens- und Ethosentwicklung hinauslaufen könnte.

Ein zweites Argument ist die Gleichsetzung der Authentizität des or-

47 AaO. 50f.

dentlichen päpstlichen Lehramtes mit dem *Wirken des Heiligen Geistes* in der Kirche. Denn wenn von Paul VI. der Beistand des Geistes zum Argument für den Gehorsam gemacht wird, bedeutet dies ein Ressentiment gegenüber dem freien Wirken des Geistes in der Kirche, in den Gläubigen und in der Theologie. Die Frage nach dem Ort des Geistes in der Kirche ist von daher immer wieder gestellt worden. Auf die Frage des Ressentiments kommen wir gleich zurück. Die Frage des authentischen Lehramtes umfaßt freilich auch die Frage nach seiner ordentlichen *Infallibilität*, welche nach *Lumen Gentium*, n.25 im Verein mit den Bischöfen möglich ist. Nach Simar gehören zum sekundären Objekt der Unfehlbarkeit „die nicht geoffenbarten Wahrheiten und Tatsachen, welche mit den geoffenbarten Glaubens- und Sittenlehren in einem derartigen inneren Zusammenhang stehen, daß die Reinheit und Unversehrtheit des kirchlichen Glaubens und Lebens durch sie bedingt ist (res ad integritatem fidei pertinentes)"[48].

Was die ordentliche Infallibilität betrifft, so sei daran erinnert, daß schon *Casti Connubii* eine pseudo-definitorische Sprache führte und im Kommentar von Vermeersch als unfehlbar betrachtet wurde (s.o.). Der bereits erwähnte Amerikaner Germain Grisez hat diese Betrachtung auf *Humanae Vitae* ausgedehnt, indem er die Kriterien des Zweiten Vatikanum darauf anwandte. In Deutschland wurde außer von Hans Küng die amerikanische Diskussion kaum beobachtet. 1978 schrieben Germain Grisez und John Ford einen Artikel über „Contraception and the Infallibility of the Ordinary Magisterium", dem eine Debatte folgte.[49] Wie wenig belanglos diese Diskussion ist, zeigt die Ansprache des Papstes Johannes Paul II. an die New Yorker Bischöfe im Oktober 1988, einer der Anlässe der „Kölner Erklärung".[50]

Was die ekklesiologischen Argumente betrifft, so sind sie in die Diskussion über die Kollegialität ebenfalls involviert. Bedeutsamer noch scheint, daß ständig Argumente mit ekklesiologischem *Ressentiment*

48 Simar, Dogmatik II, 742.

49 In: Theological Studies 39 (1978), 258-312. Die anschließende Debatte zwischen Garth Hallet und Germain Grisez in den Theological Studies ging bis 1988, vgl. 43 (1982), 629-650; 47 (1986), 134-145; 49 (1988), 517-528. Weitere Literatur bei L.S. Cahill, aaO. 137 Anm. 88.

50 Die Ansprache rechnet mit der durch *Familiaris Consortio* vollzogenen Zustimmung der Bischofssynode 1980, die dann gleichsam die bischöfliche Mehrheit der Kommission Pauls VI. für deren Abschlußtext überholt hätte.

eingebracht worden sind. Ein Beispiel für dieses Ressentiment ist das sogenannte Minderheitsvotum, in dem es heißt: „Wenn erklärt würde, Empfängnisverhütung sei nicht in sich schlecht, dann müsse aufrichtigerweise zugegeben werden, daß der Heilige Geist 1930 (damals ging es um die Unterscheidung zur anglikanischen Lambeth-Konferenz), 1951 und 1958 den protestantischen Kirchen beigestanden hat und daß er Pius XI., Pius XII. und einen großen Teil der katholischen Hierarchie ein halbes Jahrhundert lang nicht vor einem sehr schweren Irrtum geschützt hat, einem höchst verderblichen für die Seelen; denn es würde damit unterstellt, daß sie höchst unklug Tausende und Tausende menschlicher Akte, die jetzt gebilligt würden, mit Pein ewiger Strafe verdammt hätten."[51] Es sollte klar sein, daß derlei Ressentiment-Argumente in der Kirche, beginnend mit Ottavianis Pressure-group gegenüber Paul VI., einer rationalen Prüfung nicht standhalten.

Zu 2. Anthropologisch-ethische Argumente. Das Menschenbild der Lehrtradition ist bei aller Übernahme personalistischer Sprachelemente nicht die Person als verantwortlicher Träger ihrer Handlungen, sondern das Geschöpf unter Geschöpfen, interpretiert mit Hilfe einer metaphysischen Teleologie oder mit Hilfe einer instrumentalistischen Diskriminierung. Der im Hinblick auf die Menschenrechte erzielte Durchbruch der katholischen Sozialethik und des Konzils machte vor den Christen halt. Die empirische Dimension biologischer und medizinischer Anthropologie spielte ebensowenig eine Rolle wie die Selbsterfahrung der betroffenen Menschen, die seit über zwanzig Jahren konsequent unterdrückt wird.
Bisher hat sich die Lehrtradition auch noch nicht mit dem sogenannten naturalistischen Fehlschluß auseinandergesetzt, wonach eine Umwendung weder des Faktischen noch des idealtypischen „Ist" in ein ethisches „Soll" erlaubt sein kann. Die Argumentation mit der vormenschlichen Natur im Menschen ist zudem dem spezifischen „secundum rationem practicam" des Menschen unterworfen. Natur ohne Geist führt beim Menschen letztlich zum Geist ohne Wirklichkeit.
Anthropologisch-ethisch ist auch die Qualität des Gewissens zu betrachten. So wenig seine Bedeutung als letzte Entscheidungsinstanz gegen seine Bildung gesetzt werden darf, so wenig darf die Formung

51 Herderkorrespondenz 21 (1967), 436.

des Gewissens zum Argument gegen seine Bestimmung gemacht werden.

Zu 3. Pastoral-praktische Argumente. Die neuere Lehrtradition behauptet die objektive und ausnahmslose Falschheit bestimmter Akte. Wenn ich diese Behauptung richtig verstehe, dann sagt sie einerseits, Ausnahmen, die man in allgemeine Regeln fassen könne, gäbe es nicht, und andererseits sagt sie, pastoral-praktisch seien Einzellösungen zwischen Eltern und Beichtvätern möglich. Nun lebt aber die Moraltheologie als angewandte Ethik von der Generalisierbarkeit von Ausnahmen, z.B. in der erwähnten Lehre von der doppelten Wirkung einer Handlung, wobei deren Nebenwirkung in Kauf genommen werden könne. Einige andere Spezialitäten der römischen Position können hierzulande nur verstanden werden, wenn man sich klar macht, daß die Logik der Doktrin dort nicht als Logik der Praxis verstanden wird. Die Instanz einer pastoral-praktischen Logik ist freilich in der Lehrtradition der Beichtvater. Es gehört zu den Paradoxien der Wirkung von *Humanae Vitae*, daß die Insistenz auf der pastoral-praktischen Lösung durch den Beichtvater diesen quasi hierzulande weitgehend überflüssig gemacht hat. Das nicht respektierte Gewissen antwortet mit seiner Emanzipation.

Kommen wir zum Schluß und damit zu der Frage, ob es noch eine übergreifende Verbindung von Doktrin und Dissens in der Frage der Geburtenregelung gibt. Es gibt diese Verbindung, insofern die Option für das Leben und den Personalismus des Konzils gemeinsam sind. Es gibt Wege der pastoralen Annäherung, wie sie von Bischofskonferenzen und Synoden beschritten worden sind. Es gibt die Möglichkeit, die römische Doktrin auf vier Widersprüche aufmerksam zu machen:

1. Wenn *Familiaris Consortio* (1981) in der Frage der Ehe-Nichtigkeit die Gewissensautorität einbezieht, läßt sich dies nicht auf die Geburtenregelung ausdehnen?[52]
2. Wenn sich der Papst in einer Lehrentscheidung auf sein persönliches Gewissen beruft, wie ist das Ressentiment gegenüber der Gewissensverantwortung der Eheleute vertretbar? Wenn sich Subjektivität des Oberhirten der Objektivität des Amtes bedient,

52 Vgl. n.84: „Die subjektive Gewissensüberzeugung, daß die frühere, unheilbar zerstörte Ehe niemals gültig war".

ist die Unterstellung der subjektiven Kompetenz unter die so behauptete Objektivität nicht glaubwürdig genug.

3. Wenn reproduktionstechnische Eingriffe zugunsten der Zeugung, wenn auch in sehr eingeschränktem Maße, nach *Donum Vitae* erlaubt sind, warum nicht zugunsten der verantworteten Familienplanung?
4. Wenn es die sogenannte natürliche Familienplanung ohne Techniken, die in das psychische und physische Umfeld des Aktes eingreifen, nicht gibt, wird nicht die Unterscheidung direkt/indirekt immer mehr obsolet?

Der größte Widerspruch bleibt aber zwischen der personalistischen Option und der naturalistischen Norm. Angesichts der Abtreibung und der Überbevölkerung wird dieser Widerspruch zum Skandal. Mit diesem Skandal zu leben, wird man weder von aufrichtigen Theologen noch von engagierten kirchlichen Mitarbeitern erwarten dürfen.

2. Quo vadis, Papa? Der Papst und das römische Lehramt in Sachen der Moral

a. Beunruhigende Papstansprachen

„Quo vadis", wohin gehst du, läßt der polnische Nobelpreisträger H. Sienkiewicz in seinem gleichnamigen Roman Jesus den Apostel Petrus fragen, damit dieser zur Gewißheit seines Weges findet. Angesichts dieser Frage kehrt Petrus um. In welche Richtung wird sein Nachfolger seinen Weg fortsetzen?

Manche Katholiken vergleichen den Papst Johannes Paul II. mit den Pius-Päpsten, die über ein Jahrhundert die Kirchengeschichte bestimmten. Aber man findet bei solchen Vergleichen eher Unterschiede als Gemeinsamkeiten. Dies gilt z.B. für den vorkonziliaren Papst Pius XII. Pius XII. war unter moraltheologischer Beratung vertraut mit den Brückenprinzipien zwischen Faustregel und Einzelfall, so z.B. mit den moraltheologischen Lehrstücken: Handlungen mit doppelter Wirkung, Modifikation der Bewertung durch die Umstände, Abwägung des kleineren Übels, Änderung durch fortschreitende wissenschaftliche Sacherkenntnis. Diese Lehrstücke beziehen sich nicht auf Ausnahmen von einer allgemeinen Regel, sondern auf die Frage, wieweit sie in diesem oder jenem Falle einschlägig oder anwendbar sei. Die jüngeren Lehrdokumente und pastoralen Unterweisungen aus Rom halten hingegen jede den Gebrauch der Norm spezifizierende Überlegung von vornherein für eine Abweichung.

Johannes' XXIII. einzige einsame Entscheidung bestand darin, ein Konzil einzuberufen und keine einsamen Entscheidungen mehr zu treffen. In seiner Nachfolge sah Paul VI. den Dialog als Weg der Wahrheitsfindung in strittigen Fragen. Seine Enzyklika *Humanae Vitae* sah er als einen in seiner Sicht notwendigen, aber strittig bleibenden Autoritätsentscheid des ordentlichen, aber in diesem Falle nicht unfehlbaren Lehramtes. So ließ er sie auch von Kardinal Lambruscini vorstellen.[53] Er hätte einen Dissens zu *Humanae Vitae* nicht als substantiellen Glaubenszweifel interpretieren können.

Dies aber legen einige Äußerungen des Papstes und seiner Mitarbeiter nahe.[54] Wenn der Papst sich auch darüber klar ist, daß es sich um eine „komplexe Problematik“ und um eine „heikle Materie“ handelt, dann meint er damit nicht, der „adäquate Ansatz“ für die Lösung dieser Probleme sei eine Aufgabe der Theologie. Das Richtige ist schon gefunden durch ein „prophetisches“ Wort Pauls VI.,

53 Vgl. Die Enzyklika in der Diskussion, eine orientierende Stellungnahme zu Humanae Vitae, hg. v. F. Böckle u. C. Holenstein, Zürich/Einsiedeln/Köln 1968, 30-32, hier 31: „Labruscini kommt dann auf die ***Bedeutung des kirchlichen Lehramtes*** im Fall dieser Enzyklika zu sprechen. Er hebt hervor, daß der Papst dem Drängen nach einer erleichternden Öffnung die rigorose Bekräftigung des traditionellen Lehramtes gegenübergestellt habe, obwohl er vorausgesehen habe, daß diese Entscheidung nicht von allen leicht angenommen werden würde.“ Wörtlich bezeichnete Lambruscini daher die päpstliche Entscheidung als „einen Akt großen Mutes“. In diesem Zusammenhang wird auf den „besonderen Beistand des Heiligen Geistes“ verwiesen, den der Papst in seinem Amt habe. Betont wird, die Enzyklika sei „keine unfehlbare Aussage“. – Die erkennbare Problematik der „Geistbegabung“ des päpstlichen Amtes liegt hier darin, daß sich die Frage stellt, woran der Papst das Wirken des Geistes erkennen kann: an einem inneren Bewußtseinszustand oder am Zeugnis der Kirche, der Bischöfe und des Volkes Gottes?

54 Dies gilt vor allem für die vieldiskutierte Ansprache bei einem vom päpstlichen Institut für Ehe und Familie der Lateran-Universität veranstalteten internationalen Moraltheologenkongreß (zu dem selektiv eingeladen wurde) am 12. November 1988; die Linie der Katechesen und Ansprachen des Papstes an Bischöfe und Theologen wies aber schon vorher in diese Richtung. Vgl. Osservatore Romano deutsch vom 25.11.1988, S. 8f; vgl. auch die Rede vor den Bischöfen des Staates New York, Osservatore Romano vom 16.10.1988, S. 4.

die Begründung ist spätestens seit *Familiaris Consortio* (1981) geklärt.

Leider macht niemand bisher deutlich, worin der Papst den „Fortschritt der biblischen und anthropologischen Reflexion" sieht, der hier zur Klärung beigetragen haben soll. Das auf der Bischofssynode 1980 von oben herbeigeführte und eher pauschale Einverständnis mit *Humanae Vitae* wird als „Glaubenszeugnis" reklamiert, als gehöre die Lehre über die Geburtenregelung ins „Credo". Von dieser Doktrin heißt es, sie sei „von Gott in der Offenbarung bekräftigt worden". Niemand weiß wo.

Die einzige „Erkenntnisquelle", die der Papst nachweisen kann, ist das Lehramt selbst. Ist aber das Lehramt eine isolierte „Erkenntnisquelle"?[55] Sind nicht vielmehr Schrift, Vernunft und Tradition die Erkenntnisquellen der katholischen Theologie? Legt das Lehramt in *Humanae Vitae* nicht die „natürliche" Vernunft und die Tradition aus? Sind Auslegungen nicht an das gebunden, was sie auslegen? Ist das Lehramt auf sich als „Erkenntnisquelle" des Richtigen festgelegt, wenn es einmal gesprochen hat? Auch dann, wenn sich neue Einsichten in Fakten und Phänomenen ergeben haben?

Der Papst hält jede kirchliche Lehre für einen Mosaikstein eines einheitlichen Ganzen, „gleichsam eine Art Symphonie, in der jede Wahrheit sich harmonisch mit den anderen zusammenfügt". Diese Einstellung hat das Lehramt ähnlich wie im Fall Galilei zu Fehlern geführt: zu den Irrtümern über die Natur der Frau; zu Irrtümern über die Natur der Zeugung; zur Ablehnung der Religionsfreiheit bei Pius IX. und zu vielem anderen mehr.

Das Gewissen der Menschen in der Kirche darf man nicht mit objektivem Zynismus betrachten. Wenn die Würde des Gewissens, wie der Papst mit dem Konzil (Pastoralkonstitution n.16) zitiert, im Herzen des Menschen eingeschrieben ist, dann wäre es sinnvoll, sie dort zu suchen. Statt dessen meint man, aus dem „Widerhall" der „Stimme Gottes" im Gewissen ableiten zu können, das Lehramt sei die innere „Leuchte" des Gewissens. Diese Gleichsetzung von Lehramt und Stimme Gottes riskiert einen Triumphalismus, der die Lehre des Konzils gegen ihre Intention kehrt. Wenn der Papst vom Gewissen

55 Vgl. P. Hünermann, Droht eine dritte Modernismuskrise, ein offener Brief an den Vorsitzenden der Deutschen Bischofskonferenz, Karl Lehmann, in: Herderkorrespondenz (1989) Heft 3: „Man kann in jeder Einleitung in die Dogmatik nachlesen, daß Papst und Bischöfe ‚Zeugen des Glaubens' sind, nicht etwa ‚Offenbarungsträger' o.ä."

spricht, scheint er eine internalisierte Gehorsamsfunktion des Lehramtes zu meinen. So gesehen, können theologische und christlich motivierte weltliche Forschung unterbleiben. Denn das Lehramt spricht im Namen Christi, ohne auf das Wort Jesu Christi zurückgreifen zu können. Ist die Kirche dann noch „Geschöpf des Wortes" (creatura verbi)?

Was die Argumentation zur inhaltlichen Lehre von *Humanae Vitae* betrifft, so muß man aus der Sicht des Papstes zwei Fragen unterscheiden: die prinzipielle Frage ausnahmsloser und allgemeingültiger Normen und die Frage der Erlaubtheit empfängnisverhütender Akte. Nach Paul VI. ist der empfängnisfreie Akt nicht „in sich", sondern nur dann unerlaubt, wenn er sich technischer Hilfsmittel bedient, die über die Erkundung des empfängnisfreien Zeitraumes bei der Frau hinausgehen. Die Norm ist hier insofern allgemeingültig, als die mögliche „Ausnahme", bzw. richtiger der Fall ihrer Nicht-Zuständigkeit mitformuliert wird. Daß es solche Normen „im Hinblick auf das innerweltliche Handeln des Menschen" geben kann, bestreitet kein Moraltheologe. Die Frage ist nicht, ob eine Norm verbindlich, sondern ob sie richtig ist. Es handelt sich daher *nicht*, wie der Papst oder auch einige Theologen meinen, *um einen grundlegenden Dissens in Fragen der Normgeltung*. Obwohl es Streitfragen in der Prinzipienlehre gibt, besteht die Kritik der Norm von *Humanae Vitae* unabhängig davon. Sonst wäre es nicht zu verstehen, daß Theologen, die in der Lehre von der Normbegründung unterschiedlicher Meinung sind, in der Kritik der Geburtenregelungsnorm übereinstimmen.[56] Letztlich geht es in dieser Kritik um das Verhältnis von Natur und Technik.[57]

Gerade in den Fragen von Natur und Technik wird in letzter Zeit

56 So stimmen z.B. die Moraltheologen Häring und Auer hier überein, obwohl der eine im Grundansatz die christliche Ethik als Antwort auf die Offenbarung betrachtet, der andere die christliche Ethik als Integrierung der autonomen (humanen) Ethik.

57 P. Hünermann legt aaO. dar: „Die Einschränkung (der verantworteten Elternschaft) ... auf die ‚natürliche Zeitwahl' in Abgrenzung von ‚technischen' Mitteln übersieht, daß die Zeitwahl als Mittel zur Empfängnisregelung erst in einer technisch-wissenschaftlichen Kultur überhaupt erforscht werden konnte und selbst wissenschaftlich-technische Mittel zur Anwendung voraussetzt; die Einschränkung setzt mit dem behaupteten ‚wesentlichen' Unterschied und der kontradiktorischen Entgegensetzung dessen, was ‚natürlich', und dessen, was ‚technisch' ist, eine moralische Beurteilung der Technik voraus, die weder einem genauen philosophischen noch theologischen Denken standhält."

angesichts der zunehmenden Kritik an Reproduktions- und Gentechnik mehr nach der Stimme der Moraltheologie gefragt. Diese Aufmerksamkeit wäre ganz und gar nicht vorhanden, wenn die Moraltheologie sich nicht dem Gewicht aller Argumente aussetzen würde. Die Fähigkeit zur Unterscheidung der Geister zwischen Biologismus und Manipulation muß sich in differenzierter Kenntnis erweisen.
In seiner Lehre über die Offenbarung Jesu Christi hat das letzte Konzil sich für ein kommunikatives Verständnis der Wahrheit entschieden, das die Instanzen der Wahrheitsfindung in der „communio" der Kirche und darüber hinaus einschließt.[58] Dieses kommunikative Verständnis löst eine doktrinäre Reihung von „Lehren" ab. Es fordert vom bischöflichen Lehramt ebenso wie vom Lehramt der Theologen und dem Lehramt aller Gläubigen, das vom Konzil anerkannt ist, eine ständig neue Anstrengung in Erschließung und Vermittlung des Wahren und des Richtigen. Dabei ist das in der Pastoralkonstitution grundgelegte dialogische Verhältnis von Glaubenswahrheit und säkularer Wahrheit zu beachten.[59] Soll es ein dialogisches Verhältnis sein, kann es nicht einfach als Über- und Unterordnung beschrieben werden. Die Eigenständigkeit der sachlichen Richtigkeiten zu überspringen, hat sich noch immer als fataler Fundamentalismus erwiesen.
Das Lehramt ist also darauf angewiesen, sich im Rahmen seiner dialogischen Zuständigkeit im Gegenüber und im Miteinander von Kirche und Welt zu artikulieren. Ebenso ist es darauf angewiesen, die kommunikative Verfahrensweise in der Kirche zu beachten. Dies kann kaum dadurch glaubwürdig geschehen, daß die Jurisdiktionsgewalt im allgemeinen und der Jurisdiktionsprimat des Papstes im besonderen eine Legitimation durch ein Diktat des Verfahrens an

58 Vgl. M. Seckler, Der Begriff der Offenbarung, in: W. Kern u.a., Handbuch der Fundamentaltheologie, Bd. 2, Traktat Offenbarung, Freiburg i.Br. 1985, 60-84, hier 67: „Mit Rücksicht auf die zentrale Bedeutung, die der Partizipations- und communio-Gedanke für dieses Offenbarungsverständnis gewonnen hat ... wird man den Offenbarungsbegriff des Konzils als ***kommunikationstheoretisch-partizipativ*** bezeichnen dürfen. Während der communio-Aspekt eher auf die durch die Selbstoffenbarung Gottes ermöglichten personalen Beziehungen zielt, kommt im Partizipationsgedanken die Teilhabegewährung an den ‚bona divina', d.h. an Wahrheit, Gerechtigkeit, Liebe, Friede usw., zum Ausdruck und damit die sozial-sachhafte Komponente ..."

59 Vgl. A. Auer, Autonome Moral und christlicher Glaube, Düsseldorf [2]1984, 149-159.

die Stelle einer Legitimation durch die „communio" der Lehrämter in der Kirche setzt.[60] Diese Einsicht bedeutet keineswegs die Leugnung der Zuständigkeit und des Entscheidungsauftrages der Bischöfe und des Papstes. Freilich sind diese lehramtlichen Dienste vor allem im Sinne des aus der Not des unausweichlichen Konfliktes geborenen Eingriffs zu interpretieren. Wird diese Not jedoch ständig reklamiert, entsteht in der Kirche eine Atmosphäre ähnlich einer Gesellschaft, die ständig mit Notstandsgesetzen regiert wird, obwohl ihr der Notstand keineswegs plausibel ist.
Neben dem Anspruch des Dialogs und der kommunikativen Wahrheit ist auch der Anspruch der katholischen Lehre von den unterschiedlichen Gewißheitsgraden von Lehraussagen zu beachten. Diese Aussagen sind in unterschiedlichem Grade definiert – präziser oder eher allgemein –, und sie ergeben sich auch mit unterschiedlicher Gewißheit aus den zentralen Aussagen des Glaubens. Eine Lehre, die in der Schrift nicht vorkommt, die in der Tradition nicht formuliert werden konnte, weil es das Problem nicht in gleicher Weise gab, ist um so mehr auf vernünftige Kommunikabilität angewiesen.

b. *Katholische Kritik*

Manche Äußerungen des Papstes fordern in vierfacher Hinsicht katholische Kritik heraus:
- in der Frage der Hierarchie der katholischen Wahrheiten,
- in der Frage einer ausnahmslosen sittlichen Einzelnorm,
- in der Frage der Würde des Gewissens,
- in der Frage der Unfehlbarkeit.

(1) Die Zusammengehörigkeit von Wahrheiten bedeutet nicht ihre Gleichsetzung und Gleichgewichtigkeit. So heißt es eindeutig im *Dekret über den Ökumenismus*, art.11: „Beim Vergleich der Lehren miteinander soll man nicht vergessen, daß es eine Rangordnung

60 P. Hünermann stellt dazu fest: „In bezug auf die höchste Lehrkompetenz des Papstes und des Bischofskollegiums ergibt sich ebenso ein erheblicher Mangel an institutioneller Einbindung und rechtlicher Regelung." Ebenso bemerkt er: „Die Schaffung von Rechtsformen und Institutionen, durch die Laien unabhängig und frei ihre Sachkompetenz einbringen können, ist eine conditio sine qua non für das gedeihliche Leben der Kirche" (aaO.).

oder „Hierarchie“ der Wahrheiten innerhalb der katholischen Lehre gibt, je nach der verschiedenen Art ihres Zusammenhangs mit dem Fundament des christlichen Glaubens.“ Wenn diese Grundsätze in der Ökumene unter Christen anwendbar sind, dann sind sie auch innerkatholisch den Christinnen und Christen gegenüber anwendbar, die den Zusammenhang zwischen Geburtenregelungsnorm und „Fundament des christlichen Glaubens“ nur schwer erkennen können.

Karl Rahner schreibt im Kommentar zum art. 25 der *Dogmatischen Konstitution über die Kirche* zur Frage der „rechten Erhellung und angemessenen Darstellung“ der Wahrheit: „Der ... Satz betont, daß das Sichhalten an die Offenbarung auch für das Lehramt eine dauernd neue Kontaktnahme mit der Offenbarung Christi und ein dauernd neues Bemühen, diese aktuell, heils-, geistes- und existentialgeschichtlich richtig auszusagen, einschließt. Das ist als sittliche Pflicht der Träger des Lehramtes zu verstehen ... Die apta media (geeigneten Mittel) bestehen in einem immer neuen Umgang mit der Schrift, in der theologischen Arbeit der Exegeten, der Historiker und der dogmatischen Theologen und deren freier und unbefangener Diskussion, in dem lebendigen Kontakt mit dem sensus fidei der Gesamtheit der Gläubigen, die im Glauben nicht als ganze irren kann (art. 12), im ökumenischen Dialog, in der Beachtung der ‚Hierarchie der Wahrheiten des Glaubens‘ (*Dekret über den Ökumenismus 11*) ... in einem offenen und mutigen Dialog mit der geistigen und gesellschaftlichen Welt der eigenen Zeit ... in der stets neuen Überwindung der einzelnen (in sich legitimen) Schulen, die nur zu leicht versucht sind, sich mit dem Glaubensbewußtsein und der Lehre der Kirche identisch zu setzen, in einem sinnvollen Berücksichtigen der ‚öffentlichen Meinung in der Kirche‘.“[61]

Die Pflicht zur Anwendung der „apta media“ scheint demnach seitens des Lehramtes entgegen der Intention des Konzils vielfach und nachweisbar nicht beachtet zu werden, auch wenn es sich, wie in dieser Sache, nicht einmal um die Auslegung einer Offenbarungswahrheit handelt.

(2) Im Falle der sittlichen Einzelnorm ohne Ausnahmen, die der Papst im Hinblick auf *Humanae Vitae* geltend macht, sind zwei Fragen zu stellen:

61 Offizielle Konzilsdokumentation im Lexikon für Theologie und Kirche, Bd. II, 239f.

- Handelt es sich wirklich um eine sittliche Norm ohne Ausnahme?
- Leugnen die Kritiker die umfassende „verbindliche Kraft" von kirchlichen Einzelnormen?

Man kann zunächst die Norm von *Humanae Vitae* für eine Norm *mit* Ausnahme der „natürlichen" Familienplanung halten.[62]
Formuliert man aber die Norm so, daß *alle* die Gestaltung (und nicht den Zeitpunkt) des Aktes verändernden technischen Mittel indiziert sind, müßte man darauf achten, ob es nicht doch medizinisch mögliche und sittlich erlaubte Hilfsmittel zur Ermöglichung der „potentia coeundi und procreandi" gibt, die unter dieses Verdikt fallen würden, bisher jedoch nicht einmal von der Instructio *Donum Vitae* (1987) oder von den Dokumenten früherer Päpste verboten werden.
Man müßte ferner klären, ob eine Handlung mit einer Nebenwirkung auf den „actus coeundi" unter das Verdikt von Ausnahmen fällt, obwohl sie keine Ausnahme meint, sondern die Frage nach der Einschlägigkeit einer Regel in einem bestimmten Fall. Es können ja nicht zwei verbindliche Regeln im Hinblick auf die gleiche Sache gelten. Dies ist z.B. dann die Frage, wenn technische Hilfsmittel der Wahrung der Gesundheit dienen.
Was also ist mit der Sprachregelung des Papstes, „daß die sittliche Norm hier keine Ausnahme zuläßt", dann überhaupt gemeint?
Eine sittliche Norm ist im Einzelfalle dadurch verbindlich, daß sie ihre Geltung in *diesem* Fall genau aussagt und damit deutlich macht, daß sie in *anderen* Fällen nicht einschlägig ist.
Die Moraltheologen sagen zunächst nichts anderes: Wo und in welcher Hinsicht eine sittliche Norm gilt, ist zu überprüfen. Möglicherweise ist diese Überprüfung mit einer allgemeinen Formulierung (alle verändernden technischen Hilfsmittel) noch nicht zureichend erfolgt. Möglicherweise ist auch die Definition von „technisch" noch nicht zureichend.
Wie immer diese Fragen gelöst werden, ob in Übereinstimmung mit dem Wortlaut von *Humanae Vitae* oder in Abweichung davon, eines darf den Kritikern nicht unterstellt werden, daß sie nämlich präzise

62 P. Hünermann, aaO.: „Die Behauptung, die von ‚Humanae Vitae' aufgestellte Norm gehöre zu den Normen, die immer und überall Ausnahmen ausschließen, enthält einen Denkfehler, der in der Argumentation von ‚Humanae Vitae' selbst zutage tritt." Vgl. *Humanae Vitae*, n.11: Ausnahme: Mittel der Zeitwahl (bei guten Gründen zur Vermeidung der Zeugung).

formulierten Einzelnormen keine umfassende verbindliche Kraft zuerkennen würden. Die unterschiedlichen Schulen (s.o. K. Rahner!) mögen zwar im Hinblick auf diesen Sachverhalt unterschiedliche Sprachregelungen und unterschiedliche Begründungsmuster kennen, aber sie sind sich darüber einig, daß sittliche Normen in dem von ihnen beabsichtigten und umschriebenen Geltungsbereich verbindlich sind. Einschränkungen sind keine Abstriche, sondern Präzisierungen von Anwendung und Verbindlichkeit.

Die Sprachregelung des Papstes „Regel ohne Ausnahme" ist aus diesen Gründen entweder eine Selbstverständlichkeit, denn eine Regel gilt, wenn sie einschlägig ist, oder sie enthält zugleich die Ablehnung von Präzisierungen der Geltung, wie sie in der moraltheologischen Tradition seit Jahrhunderten gelehrt werden. Dann aber stünde der Papst im Widerspruch zur moraltheologischen Tradition der katholischen Kirche.

(3) Was die Frage des Gewissens betrifft, so ist das Gewissen in der Tradition kein Echo der Stimme des Lehramtes. Das Lehramt ist vielmehr in seinen „apta media" für die Auslegung der Wahrheit auch auf die Gewissen der Gläubigen verwiesen. Das Lehramt hat den Dienst, die Gewissen der Gläubigen hörfähig für das sittlich Gute und Richtige zu machen, aber auch die Pflicht, auf das sittliche Zeugnis der gläubigen Gewissen zu hören. Dies kann es nicht tun, wenn es, wie bei der Bischofssynode 1980 oder bei internationalen moraltheologischen Konferenzen in Rom, nur die wenigen unter den Ehepaaren und unter den Theologen zu Wort kommen läßt, die zur Bestätigung ausgesucht sind. Die zeitgeschichtliche Darstellung der Bischofssynode 1980 spricht auch bei den Bischöfen von einem „inneren Monitor", der sie angesichts der starren Leitung daran hinderte, die Debatte offen zu führen.[63]

Wahrheit darf nicht durch fragwürdige Verfahren gesichert werden. Als Zeugnis der Angst ist sie unglaubwürdig. Die Spannung zwischen Lehre und Gewissen einzuebnen, müßte die Würde des Gewissens zu der eines Pawlowschen Reflexes erniedrigen.

Ohne einen katholischen Dialog wird es unmöglich sein, diese Fragen so zu klären, daß genau gesagt werden kann, wo überhaupt der präzise Punkt eines möglichen Dissenses liegt.

63 Vgl. J. Grootaers/J.A. Selling, The 1980 Synod of Bishops „On the role of the Family". An Exposition of the Event and an Analysis of its Texts, Leuven 1983, 167ff.

(4) Schon früh hat Hans Küng darauf aufmerksam gemacht, daß, obwohl *Humanae Vitae* nicht als unfehlbare, wenn auch als authentische Lehre (d.h. in der Wirkung: als zustimmungspflichtig) 1968 vorgestellt wurde, sich im Rahmen römischer Theologie immer wieder der Anspruch auf die Zuweisung der Geburtenregelungsnorm zur Unfehlbarkeit des authentischen Lehramtes nachweisen läßt. Andere haben dagegen geltend gemacht, der Unterschied zwischen infallibler und nicht infallibler Authentizität könne von Rom aus nicht einseitig eingeebnet werden.[64]

Nun hat der Papst in einer Ansprache an einige amerikanische Bischöfe vom 15.10.1988 in der Tat die Lehre von *Humanae Vitae* in der Formulierung von *Familiaris Consortio* (1981) in die Nähe der Unfehlbarkeit gerückt, wenn nicht gar Unfehlbarkeit des ordentlichen und authentischen Lehramts für sie beansprucht. Er bezieht sich dabei auf die Kirchenkonstitution des letzten Konzils (n.25), welche die Infallibilität auch auf das gemeinsame ordentliche und authentische Lehramt der Bischöfe mit dem Bischof von Rom ausdehnt, eine Instanz, die somit neben die Definitionen eines Konzils und neben die außerordentlichen Ex-cathedra-Entscheidungen des Papstes rückt. Nimmt man andere Äußerungen des Papstes hinzu, so ergeben sich Indizien für die Annahme, daß der Papst die Übereinstimmung der Bischöfe in dieser Hinsicht durch die Bischofssynode von 1980 grundgelegt sehen könnte.

Dies vorausgesetzt, scheint der derzeitige römische Durchmarsch bei Bischofsernennungen in manchen Ländern auch dazu zu dienen, durch die Anwendung der Jurisdiktionshierarchie Verhältnisse zu schaffen, die den Weg vom authentisch nicht-infalliblen zum authentisch infalliblen Lehramt ermöglichen.[65] Ebenso scheint die der-

64 Vgl. H. Küng, Unfehlbar? Eine Anfrage, Zürich/Köln 1971, und dazu P. Hünermann, aaO.: „Die Auseinandersetzung um Hans Küngs Buch ‚Unfehlbar?' liegt noch nicht lange zurück. Hans Küng behauptet – ausgehend von ‚Humanae Vitae'! – ein Verständnis des unfehlbaren Lehramtes, das als Verzerrung seines wahren Sinnes von Theologen, Bischöfen und auch von Rom zurückgewiesen wurde. Wenn man die ... Ansprache des Papstes an die Moraltheologen liest, wirkt es geradezu gespenstisch, wie weit Rom auf das von Hans Küng unterstellte Verständnis eingegangen ist."

65 Während die außerordentliche Infallibilität in besonderen Erklärungen des Papstes oder eines Konzils mit dem Papst zum Ausdruck kommt, entsteht die ordentliche authentische Infallibilität durch eine Übereinstimmung in der Lehre zwischen den einschlägigen Autoritäten, die nur festgestellt zu werden braucht. (Welches aber sind alle einschlägigen Autoritäten? Gehört dazu auch der prakti-

zeitige römische Inanspruchnahme der Jurisdiktion gegen die originäre Zuständigkeit der Bischöfe in der Erteilung bzw. Verweigerung der Lehrerlaubnis für Theologen ähnlichen Zwecken zu dienen.

Liest man den Bericht von Jan Grootaers und Josef A. Selling über „The 1980 Synod of Bishops" (1983), so scheint der Hinweis auf ein „Glaubenszeugnis" der Bischöfe dieser Synode bezogen auf den „prophetischen" Charakter von *Humanae Vitae* viel zu unspezifisch. Außerdem können ja wohl kaum Auffassungen von Bischöfen in einer Intention gebraucht werden, die diese nicht haben konnten. Für die „Konstruktion", von der hier die Rede ist, dürften sowohl die Intention Pauls VI. als auch die Äußerungen von Bischofskonferenzen (z.B. der deutschen Königsteiner Erklärung 1968) äußerst hinderlich sein. Sollte etwa die Intention Pauls VI. durch das Wort „prophetisch" neutralisiert und durch diese Konstruktion (über *Familiaris Consortio*) substituiert werden? Sollten Erklärungen von Bischofskonferenzen auf die eine oder die andere Art „generalüberholt" werden?

c. *Wege aus der Gefahr?*

Die Sorgen des Papstes und die Sorgen der Moraltheologen, die er in seiner Ansprache im November 1988 kritisiert, mögen verschieden sein, aber eines dürfte feststehen: Kein Beteiligter wird sich ihrer erfreuen. Die Moraltheologen finden das Lehrhaus mit seinen schiefen Wänden nicht an allen Stellen wohnlich und dauerhaft; der Papst verliert vielleicht die Geduld mit dem Widerspruch, dem er, nach eigener Ansicht, eine Zeit des Lernprozesses eingeräumt hatte. Über die Machtverteilung gibt es keinen Zweifel. Daher muß man kein Prophet sein, um zu sagen: Der Papst kann sich auf der Ebene der Doktrin durchsetzen, wenn er will. Wie hoch der Preis bei den Gläubigen ist, läßt sich schlecht voraussagen; das hängt auch stark davon ab, wen man damit meint.

In dieser Stunde kann man zwar fragen, „Quo vadis, Papa?", aber man kann als Moraltheologe auch überlegen, ob es nicht phantasie-

sche Glaubenssinn der Laien? Auf welche Weise wird Konsens erzeugt? Wie wird er festgestellt? Dies alles sind Fragen, auf die ‚Rom' eine offene Antwort schuldig bleibt.)

volle Wege aus der Situation heraus gibt. Wenn man in der ständigen Wiederholung eingefahrener Ansichten keinen Ausweg mehr sehen kann, dann besteht die Gefahr, die Resignation zu wählen oder den Widerspruch zu verfestigen. Deshalb scheint es mir ein Gebot der Stunde, die Anliegen und die Weisung von *Humanae Vitae* erneut zu überprüfen und wenigstens die Möglichkeiten des theologischen Konsenses zu untersuchen und anzubieten.

Humanae Vitae hatte einen Unterschied zwischen der Wahrnehmung unfruchtbarer Zeiträume und der Regelung der Unfruchtbarkeit herausgearbeitet. Daß in der Folge der Ausdruck „Familienplanung“ von der Kirche akzeptiert, der Ausdruck „Geburtenregelung“ abgelehnt wird, findet zwar Widerspruch, erscheint aber konsequent. *Humanae Vitae* erhält durch die ökologische Diskussion in der Hinsicht Auftrieb, daß sich Menschen eher als Partner und weniger als Manipulatoren der Schöpfung verstehen.

Es ist ein Problem, daß die Diskussion über *Humanae Vitae* zu einer Pillendiskussion geworden ist. Das Für und Wider gegenüber dem reich sortierten und sehr unterschiedlichen Pillenangebot ist als Streit nicht grundsätzlich genug, da es ja auch um die Ablehnung eher mechanischer Verhütungsmittel geht, und zwar nicht nur, weil sie im Sinne der Verhütung wirken, sondern weil sie überhaupt in den Ablauf der sexuellen Begegnung eingreifen. Hier besteht ein Zusammenhang mit der Sexualethik, soweit sie den Akt zu normieren meint (unabhängig noch von der Frage, wer dazu berechtigt ist). Darunter fallen dann auch sexuelle Praktiken ohne künstliche Mittel wie Masturbation, Petting, coitus interruptus usw.[66]

Zustimmung zu *Humanae Vitae* in Sachen Reproduktion bedeutet daher bei manchen Christen noch keine Zustimmung zur Sexualethik von *Humanae Vitae*. Deshalb darf auch kirchlicherseits nicht mit „grünen“ Teilzustimmungen argumentiert werden. *Humanae Vitae* ist vielmehr ein zugespitzter Punkt zwischen kirchlicher Sexualethik und kirchlichem Reproduktionsverständnis.

Man könnte sich die Frage stellen: Wofür ist diese Zuspitzung des Normkomplexes gedacht, und wofür ist sie im einzelnen einschlägig oder nicht einschlägig? Auf die erste Frage bietet sich die Antwort an: als Orientierung für die Ausrichtung des Lebens. Die ganze Frage der Tatsächlichkeit des Lebensvollzuges und seiner Probleme ist darüber hinaus eine pastorale Frage, die auch mit pastoraler

66 Vgl. oben 1. Kapitel.

Klugheit entschieden werden darf. Die Logik der Normativität steht nicht für die Klugheit der Pastoral ein – das wird mit deutscher Gründlichkeit in der Gleichsetzung von Ethik und Praxis oft übersehen.

Zum zweiten kann man sagen: *Humanae Vitae* ist nicht unter Einbeziehung aller nur denkbaren Extremfälle einschlägig. (Sonst wäre es kaum verständlich, daß man zwar aus Rom hört, bei Aids gebe es für die Verhütung der Ansteckung für ein Ehepaar nur Enthaltsamkeit, während ein amerikanischer Kardinal hier zugunsten des ehelichen Gutes das Kondom empfiehlt.) Daß *Humanae Vitae* im Hinblick auf *bestimmte* denkbare Ausnahmen restriktiv formuliert ist, kann nicht heißen, daß es nicht doch Fälle gibt, für die *Humanae Vitae* nicht gedacht sein kann, weil sie nicht intendiert waren. Eine Konstruktion, die *Humanae Vitae* im nachhinein mit Infallibilität versehen würde, könnte den dogmatischen Kriterien für die Infallibilität des ordentlichen Lehramtes in einer authentischen Lehre nicht genügen.

Obwohl solche Überlegungen viele mit *Humanae Vitae* gestellte Fragen noch nicht beantworten können, sollten sie doch in die Lage versetzen, einen „modus vivendi" zu finden, wie dies von Bischöfen immer wieder versucht worden ist.

Achtes Kapitel
Akzeptanz und Rezeption

1. Schwierige Akzeptanz

Man kann die Richtigkeit von Normen nicht daran überprüfen, ob sie von den Menschen, die sie betreffen, mehrheitlich eingehalten werden. Die normative Kraft des Faktischen ist auf die Frage nach der Begründung sittlicher Normen nicht anwendbar. Die Schwierigkeit, sittliche Normen einzuhalten, kann nicht als Argument gegen sie verwandt werden, unter Umständen aber als Indiz, daß es Gegenargumente mit einigem Gewicht gibt. Niemand wird, weil den Menschen das Gebot, die Wahrheit zu sagen, in mancherlei Situationen einzuhalten schwerfällt, deswegen für die Lüge eintreten, eher schon für mildernde Umstände in einzelnen Fällen.[1] Deshalb kann es auch bei der Norm der Empfängnisverhütung nicht darum gehen, faktisches Verhalten als schlagendes Argument einzubringen. Aus dem statistischen „Ist" folgt kein ethisches „Soll", das ist ein allgemein anerkannter Grundsatz.

Dies läßt in der Frage der Akzeptanz eine empirisch gewonnene Überprüfung des tatsächlichen Verhaltens in den Hintergrund treten. Auf einem anderen Blatt steht freilich die Frage, wieviele Menschen in und außerhalb der Kirche die Norm der Empfängnisverantwortung *einsehen*. Man hört zwar gelegentlich sagen, die Einsicht sei meist nicht anders als die Praxis, aber dies widerspricht im Bereich des Sittlichen der Erfahrung, daß wir sehr wohl akzeptieren, daß andere Menschen und wir selbst nicht immer nach unseren Einsichten handeln, so sehr wir dies beklagen mögen. Der in diesem

1 Solche mildernden Umstände sind freilich nicht am Platz, wo ein Verschweigen einer Information bzw. eine Falschaussage gegenüber einer menschenrechtswidrigen Willkürmacht, die nicht das Recht hat, die Wahrheit einzufordern, am Platze ist. Dieses Handeln fällt nicht unter die Lüge als sittlichkeitswidrige Falschaussage.

Zusammenhang gelegentlich genannte „sportive" jugendliche Ladendieb würde, wenn man ihn ernsthaft befragte, wohl kaum dafür eintreten, daß in Zukunft alle Waren verschenkt werden sollten. Wenn „die gestohlenen Birnen süßer" sind, wie Augustinus sagt, dann setzt das ja geradezu die Akzeptanz des Eigentumsrechts voraus. Ich habe schon erlebt, daß sich ein Zuhälter für die Ehe einsetzte.

Akzeptanz und Rezeption einer Norm sind also nicht auf das Verhalten, sondern auf die Anerkennung der sittlichen Richtigkeit und damit der Verbindlichkeit einer Norm gerichtet. Wer eine Norm nicht akzeptiert, kann sie ja unter Umständen einhalten, obwohl er sie nicht für richtig hält. Ich kenne genügend Christen, die sich entsprechend kirchlichen Normen verhalten, deswegen aber nicht einfach meinen, diese seien in jeder Hinsicht unangreifbar. Auch in Rechtsfragen halten wir uns ja manchmal an Normen, die wir, würden wir nach ihrer Richtigkeit befragt, durchaus nicht akzeptieren. Daher muß jedem, der hier Verhalten und Anerkennung in einen Topf wirft – eine übliche Einstellung in kirchenamtlicher Polemik –, deutlich gesagt werden, daß Akzeptanz und Rezeption sittlicher Normen auf der Ebene der Anerkennung ihrer Richtigkeit liegt. Gewiß sind unsere Akte sittlicher Anerkennung von der Praxis mitbestimmt. Deshalb erfolgen sie oft aus spontaner Parteilichkeit, Betroffenheit oder Bequemlichkeit anders als bei ruhiger Überlegung, die von einem offenen Dialog angeregt wird. So wird z.B. oft vorgebracht, im Falle einer Volksabstimmung seien die Menschen in der Bundesrepublik Deutschland für die Wiedereinführung der Todesstrafe. Dagegen wird, wie ich meine zu Recht, eingewandt, eine derartige Volksabstimmung setze eine öffentliche Debatte voraus und in dieser könne die erwiesene Ineffizienz der Todesstrafe für die Abschreckung von Kapitalverbrechen nachgewiesen werden.

Die Momente von Parteilichkeit, persönlicher Betroffenheit (und damit Voreingenommenheit) sowie Bequemlichkeit mögen in der Frage der verantworteten Empfängnis eine Rolle spielen, aber man kann schon theoretisch nachweisen, daß sie für die wirkliche Größenordnung faktischer Akzeptanz und Rezeption in der katholischen Kirche nicht von Bedeutung sind. Es wäre sonst auch kaum zu erklären, warum die meisten Priester in Europa die kirchliche Norm der Empfängnisregelung nicht so rezipieren, wie sie das Lehramt meint und ständig interpretiert. Sie sind ja gegenüber der Lage der Eheleute relativ unparteilich. Vermutlich würde das Ergebnis

der „Pillenkommission" Pauls VI. noch heute unter Priestern, ja unter Bischöfen bestätigt werden, wonach der Gebrauch künstlicher Mittel *nicht* „in sich schlecht" sei. Bei Bischöfen wäre die Voraussetzung nötig, daß sie nicht unter der Kontrolle jurisdiktioneller Gewalt stünden, die sie zu ständigem Abwägen zwingt, welche Kosten sie für einen Widerspruch zu tragen bereit sind.
Wenn es, wie im Fall von *Humanae Vitae*, in der Kirche nicht durch die jurisdiktionelle Gewalt zu verhindern war und in Zukunft auch nicht zu verhindern sein wird, weil die kompetenten Laien in der Kirche hier nicht zu disziplinieren sind, zu einer intensiven und heute schon oft ermüdenden Diskussion gekommen ist, dann kann man ruhigen Gewissens davon ausgehen, daß Akzeptanz und Rezeption der Geburtenregelungsnorm in der Kirche weder durch Mangel an Information noch durch Mangel an Distanz zur eigenen Voreingenommenheit bestimmt sind. Die Menschen in der Kirche sind keine Schafe, die in dieser Frage irgendwelchen Mietlingen nachlaufen oder auf die Flöte von Rattenfängern hören. Sie wissen ganz genau, daß die verantwortete Elternschaft nicht leicht zu haben ist und daß sie große Ansprüche an ihre menschliche Qualität stellt. Wären sie so leichtfertig, wie ihnen gelegentlich unterstellt wird, dann wäre die Frage der Empfängnisverhütung keine Krise des Katholizismus vom Rang eines „dritten Modernismusstreites" (Peter Hünermann).
Im folgenden soll unter dem Titel „Akzeptanz und Rezeption" auf zwei wesentliche Punkte eingegangen werden. Der erste Punkt soll verdeutlichen, worin kritische Katholiken mit dem Papst und dem römischen Lehramt übereinstimmen. Der Amerikaner Eugene Kennedy hat in seinem mit humorvoller Zuneigung zur Kirche geschriebenen Buch „Tomorrow's Catholics – Yesterday's Church" (Katholiken von morgen, Kirche von gestern)[2] darauf hingewiesen, daß die Spannung in der katholischen Kirche Teilübereinstimmung auch in kritischen Fragen nicht ausschließt. Dieser Übereinstimmung soll nachgegangen werden.
Zum zweiten wird die These untersucht, die jüngst der polnische Moraltheologe Helmut Juros[3] noch einmal mit Hinweisen auf die Tradition verdeutlicht hat: Die Rezeption durch die Christen sei die

2 New York/Toronto 1988.

3 Vgl. H. Juros, Die Rezeption ethischer Normen, in: ThQ 169 (1989), 111-122; im folgenden im Text mit Seitenzahl zitiert.

Voraussetzung für die Geltung einer Norm der Kirche. Hier geht es vor allem um die Zusammengehörigkeit von Promulgation (öffentlicher Bekanntgabe) und integrierender Aufgabe einer Norm gegenüber den praktisch gelebten Erfahrungen und Gewissensüberzeugungen der betroffenen Christen.

2. Worin der Papst recht behält

a. Der Vorrang der Person

Die große Wende in der konziliaren Epoche der katholischen Kirche ist die Wende zum Vorrang der Personwürde. Sie fand auf mehreren Gebieten statt: in der Ekklesiologie in der Betonung der Teilhabe am Priesteramt in jedem Glied des Gottesvolkes, in der Katholischen Soziallehre in der Hervorhebung des Personprinzips, dem alle Strukturfragen unterzuordnen seien, in den Menschenrechten durch die Erklärung der Religionsfreiheit und schließlich in der Ehelehre durch die Vorordnung des Liebessinnes vor die Fruchtbarkeit, weil wohl die Liebe ohne die Fruchtbarkeit, nicht aber die Fruchtbarkeit ohne die Liebe sein kann. Die Vorstellung einer fruchtbaren Vertragsehe ohne Liebe ist der katholischen Kirche seit dem Konzil fremd, und insbesondere die Enzyklika *Humanae Vitae* wird nicht müde, den Vorrang der Liebe zu betonen (vgl. n.8-9). Liebe ist „personale Gemeinschaft", „gegenseitige Hingabe", „personale Freundschaft", und erst auf dieser Basis ist sie fruchtbar. Was vor dem Konzil nicht wenige Moraltheologen noch gelehrt hatten, die Erfüllung des Ehezweckes ohne die Liebe, davon kann heute keine Rede mehr sein.
Dieser Eigenwert der Ehe in der Familie, der inzwischen von den Synoden europäischer Bistümer und Länder weiter herausgearbeitet worden ist, entspricht dem fortschreitenden Personalismus in der Ehe- und Familienlehre der Kirche, wie wir ihn schon im Rückblick auf die Zeit zwischen *Casti Connubii* und *Humanae Vitae* kennengelernt haben (vgl. oben Kap. 7, 1). Die Fruchtbarkeit wird von daher immer mehr als Ausdruck und selbstüberschreitender Vollzug der Liebe aufgefaßt. Sie ist nicht mehr Eigenschaft jeder aktualisierten Sexualität, sondern eine Tendenz, die sowohl aus der Bestim-

mung der Natur der Sexualität als auch aus der Intensität der gegenseitigen Zuneigung und Treue hervorgeht. Die „Natur der Sexualität" wird seit der Bestimmung der Dokumente des päpstlichen Lehramtes durch die Philosophie Karol Woytilas nicht auf eine vorpersonale Struktur der sexuellen Handlung, sondern auf die Offenheit des sexuellen Vollzuges für das personale Werden von Vater und Mutter bezogen. Es geht dem Papst darum, die Ganzheitlichkeit des leiblichen Liebesvollzuges mit der in ihm eingelegten Möglichkeit der Entfaltung von Frau und Mann zu Mutter und Vater nicht aufzuspalten. Er fürchtet sonst eine Reduktion sowohl von Mann und Frau als auch der Fülle der Leiblichkeit.[4]

Selbst wenn man der Ansicht ist, daß der Personalismus zu weit geht, wenn er jedes Eigenrecht der lustvollen Begegnung, das er zunächst liebevoll anerkennt, auf dem Umweg über die Diktatur einer idealen Ganzheitlichkeit wieder zurückdrängt, bleibt doch der Respekt vor dieser Akzentuierung der Personwürde erhalten. Dieser Respekt findet Akzeptanz und Rezeption in der Kirche, und man ist zumindest bereit, sich an dieser Sicht zu überprüfen. Wäre hier nicht das punktuell Bessere der Feind des allgemein Guten, so würde der päpstliche Personalismus auf allgemeine Begeisterung stoßen. Nicht daß er die Schwelle hoch legt, ist das Problem der Akzeptanz und Rezeption, sondern daß er die Wirklichkeit der sexuellen Begegnung zu wenig wahrnimmt und reale Erfahrungen überspringt.[5]

Der Vorrang der Person, eingeschlossen ihre Intention zur Entfaltung zur Elternschaft, ist eine Maxime, der, soweit ich übersehen kann, die Katholiken durchaus zu folgen bereit sind. Die Verbindung dieser Maxime mit der Realisierung des für die Fruchtbarkeit offenen Sexualaktes erscheint jedoch für die Anerkennung dieser Maxime nicht als unabdingbar notwendig. Der Personalismus muß nicht in jeder Handlung, sondern in der Kontinuität der Handlungen die Richtung angeben. Das heißt: Die Würde der Person darf

4 Vgl. Johannes Paul II., Die Erlösung des Leibes, Katechesen 1981-1984, hg. v. N. u. R. Martin, Schönstatt 1985, 269-356.

5 Als verheirateter Laie gewinnt man den Eindruck, daß der Papst, der ja durchaus nicht kontaktscheu ist, vor allem von solchen Laien bzw. Ehepartnern hört, deren Wirklichkeitswahrnehmung durch religiöse Exaltiertheit getrübt ist. Es ist sehr zu bedauern, daß dabei eine Art Alleinvertretungsanspruch in Fragen der Ehespiritualität entsteht: wer es anders sieht, ist eben nicht religiös, nicht kirchlich, gar nicht moralisch usw.

zwar in keiner Handlung verletzt werden, aber es muß auch nicht in jeder Handlung jede bloß mögliche und denkbare Vorstellung dieser Würde realisiert werden. Wenn Menschen einander lieben und miteinander schlafen, erniedrigen sie sich nicht in ihrer Würde, wenn sie die aktuell mögliche Fruchtbarkeit dieses Aktes ausschließen, weil sie keine Realität zerstören, sondern eine bloße Möglichkeit aufheben. Sie zerstören damit nicht die generelle Möglichkeit der Entfaltung beider Personen zur Vater- bzw. Mutterschaft, indem sie diese aktuell verschieben.

Indem Menschen in der Kirche nach dieser Auffassung leben, teilen sie dennoch die kirchliche Maxime des Personalismus in der Geschlechtsbeziehung. Deshalb vermögen sie auch nicht einzusehen, daß sie als abweichend von der kirchlichen Lehre betrachtet werden und unter den ständig in die Öffentlichkeit hineingetragenen Druck einer offensiven kirchlichen Lehrverkündigung geraten, die sich in Widersprüche mit ihrer eigenen Maxime verwickelt.

b. Die sanfte Technik – eine Kultur der Behutsamkeit

Seit Paul VI. die Zeitwahl als Mittel der verantworteten Elternschaft befürwortet hat, steht die katholische Kirche mit Überzeugung auf der Seite der Empfängnisverhütung. Weder hat das Lehramt hier einen Grund, diese Position abzuwiegeln, noch besteht für Kirchenkritiker hier ein Grund, in die üblichen Klischees zu verfallen, die Kirche tue nichts gegen die Bevölkerungsexplosion. Freilich: tut die Kirche damit genug?

Die sogenannte „Natürliche Familien-Planung“ (NFP) wird von kirchlichen und kirchennahen Institutionen als sicheres Mittel der Geburtenregelung propagiert. In der Tat hat die Sicherheit durch die Verfeinerung der Zeitwahl mittels genauer Datenplanung, Temperaturmessung und Beobachtung der Schleimbildung am Gebärmuttermund zugenommen. Es gibt dazu auch technische Hilfsmittel für Temperaturmessung und Scheidenspiegelung. Dies macht die Bezeichnung schwerer, weil sie zwischen Natur und Technik zu unterscheiden sucht.[6]

In Wirklichkeit geht es auch um Technik. Es gibt zu den Techniken der Geburtenregelung – außer der Enthaltsamkeit – nur technische

6 Vgl. oben 1. Kapitel.

Alternativen. Die sanfte Technik der NFP entspricht aber nicht nur den lehramtlichen Forderungen, sondern auch dem Bedürfnis, „konviviale", d.h. dem Leben angemessene Werkzeuge zu haben, um so mehr Behutsamkeit gegenüber dem Ablauf von Naturvorgängen zu üben. Hier liegt genau der Punkt, an dem die Katholiken „von morgen" mit der „Kirche von gestern" übereinstimmen. Wo immer diese Methoden nicht auf besondere Probleme stoßen, werden sie gern angewandt, wenn auch oft nicht als ausschließlich angemessen betrachtet. Das liegt an mehreren Gründen:

- Nicht für jedes Paar ist die Zeit in gleicher Weise wählbar. Eine Verschiebung kann bei einem Mangel an Gelegenheit möglicherweise die Personwürde nicht erhöhen, sondern herabwürdigen. Der sexuelle Verzicht im Moment der rechten personalen Zeit ist fragwürdig.
- Die Zeiten der Unfruchtbarkeit der Frau fallen nicht immer mit den Zeiten der sexuellen Ansprechbarkeit der Frau zusammen. Diese Differenz ist ebenfalls für die Realisierung der Zeitwahl problematisch.
- Wie bei vielen anderen Methoden obliegt der Frau die Hauptlast in der Durchführung. Die dem Manne abverlangte Zurückhaltung ist dagegen kein besonderes Kennzeichen, da dem Mann Zurückhaltung in jeder ehelichen Beziehung zugemutet werden muß – die Geburtenregelung dürfte nicht der häufigste, sondern ein sekundärer Grund sein, vor allem, wenn beide mit gemeinsamer Lust miteinander schlafen wollen.
- Da die Anwendungstechnik relativ kompliziert ist, ist der menschliche Unsicherheitsfaktor bei der Sicherheitsproblematik größer.
- Nicht von jeder anderen Technik läßt sich so einfachhin sagen, sie sei weniger sanft, belaste einseitig die Frau und bedürfe nur der Mechanik und nicht des Gespräches.

Genau hier gehen die Wege, die zunächst in der Bevorzugung sanfter Technik gemeinsam sind, wieder auseinander. Daß die Pillen oder Ovulationshemmer u.U. eher eine „harte" Technik mit möglichen Nachteilen darstellen, ist weithin bekannt. Es besteht die Gefahr, daß ihre Wirkung umfassender ist als die Verhinderung des Eisprunges. Die Leiblichkeit der Frau kann sich verändern, u.U. werden je nach körperlichen Voraussetzungen Krankheiten begünstigt, die Selbsterfahrung der Frau wird verunsichert, ihre „Verfügbarkeit" möglicherweise für den Partner oder sie selbst zur

Versuchung. Wer daher die sanfte Technik grundsätzlich bevorzugt, nimmt die Pille ohnehin nicht aus Lust, sondern aus Not.
Mechanische Verhütungsmittel und Formen des unvollendeten Geschlechtsverkehrs sind nicht von sich aus „harte" Techniken. In all diesen Formen ist es schwer, ein resolutes „Entweder-Oder" zu begründen. Akzeptanz und Rezeption der Katholiken gelten dem Leitbild einer sanften Technik – ihre Realisierung ist jedoch nicht als Automatismus denkbar, sondern sie muß über die Letztverantwortung des Paares gehen.

c. *Verantwortung statt Willkür*

Wie wir sahen, schließt Akzeptanz den Dissens in der Rezeption einer Norm nicht aus und umgekehrt der Dissens nicht die Akzeptanz. Die größte Übereinstimmung liegt aber im generellen Anspruch, die Geburtenregelung der Willkür zu entziehen und dem Maß der Menschengerechtigkeit zu unterstellen. Das Prinzip Verantwortung ist die einheitliche Maxime aller ethisch aufgeschlossenen Menschen. Wenn man dies akzeptiert, wird sogleich deutlich, daß an erster Stelle bei der Anwendung dieses Prinzips in der Elternschaftsfrage nicht die Wahl der Methoden einer Verhütung oder Verschiebung liegt, sondern vielmehr die Frage: wieviele Kinder und zu welchem Zeitpunkt? Es scheint mir an der Zeit, die Priorität dieser gewichtigeren Verantwortungsfrage *vor* der Frage „Zeitwahl oder Pille" anzuerkennen. Denn die Frage, wieviele Kinder die künftigen Eltern angemessen erziehen können, scheint doch ungleich gewichtiger als die Frage, mit welcher Methode sie für Zahl und Zeitpunkt sorgen. Wer Verantwortung will statt Willkür, sollte auch die Prioritäten der Verantwortung richtig setzen. Wenn die Zahl und der Zeitpunkt der Kinder in das Selbstbestimmungsrecht der Eltern fällt, warum nicht auch, in den Grenzen der Vermeidung abortiver Maßnahmen, die Wahl der Mittel zur Geburtenregelung?
Wir fragten, worin der Papst recht behält, und wir haben ihm doch nicht in allem recht gegeben. Aber dies ist genau die Situation des katholischen Konfliktes: Das Dilemma liegt *innerhalb* einer hohen Sensibilität für die Verantwortung und nicht einfach *zwischen* Verantwortung und Willkür, wie es manchmal in flammenden Reden von Kirchenfürsten und in unerleuchteten Tiraden ihrer privilegier-

ten Berater erscheinen mag. Akzeptanz und Rezeption einer kirchlichen Norm schließen die Mitverantwortung derer ein, die mit der Realisierung dieser Norm als Kompetente und Betroffene beauftragt sind. Deshalb gehört die Rezeption durch die Christen zur Geltung der Norm der Kirche.

3. Die Rezeption durch die Christen gehört zur Geltung der Norm

„Das Wesen des Katholischen ist Vermittlung und Rezeption", behauptet der polnische Moraltheologe Helmut Juros.[7] Deshalb kann nicht die Hierarchie des Wollens über die Vernunft des Richtigen entscheiden. Recht hat nicht einfach, wer die Macht hat, sein Wollen aufzuerlegen. Was aber geschieht, wenn „die Struktur der Rezeption lediglich auf die Lehrentscheidungen ... und auf den religiösen Gehorsam des Willens und des Verstandes der Gläubigen reduziert wird?" fragt Juros zu Recht (S. 113). Er spricht von einer „chronischen Funktionsstörung des kirchlichen Kommunikationssystems", von „pathologischen Symptomen", von einer „einseitigen Reduktion" zugunsten der lehramtlichen Autorität.
Eine solche Reduktion läßt sich in der Rezeption der Katholischen Soziallehre nicht beobachten. Das Lehramt hat sich hier schon immer auf eine dialogische Struktur mit den Kompetenzen des Gottesvolkes verpflichtet. Es redet nicht doktrinär von oben, sondern gibt hilfreiche Handreichungen aus der gemeinsamen Verantwortung heraus.
Die konziliare Konzeption der Kirche als „Communio" verlangt nach Juros Kommunikation und Partizipation der Betroffenen an den sie betreffenden Entscheidungen (vgl. S. 114). Er folgert daraus: „Eine solche ekklesiologische, also kommunikative Auffassung der Rezeption, verbunden mit dem Selbstverständnis der Kirche als ‚communio', verbietet ihre minimalistische Verkürzung und Reduktion nur auf den juridischen Aspekt im Sinne des bloßen Gehorsams, wohin die kirchengeschichtliche Entwicklung nun aber geführt hat ... Demgegenüber zeigt sich ein Bewußtseinswandel in der

7 AaO. (Anm. 3), 111.

Kirche dahingehend, daß die Rezeption nicht nur eine Sache des Gehorsams sei, sondern vielmehr ein offener Prozeß, an dem alle Gläubigen teilnehmen." Juros meint nicht, daß die Rezeption erst die Validität der lehramtlichen Verkündigung begründet, aber ohne sie fehlt dieser Validität die Verstärkung und die Überzeugungskraft, ja die Glaubwürdigkeit: „Durch die Rezeption wird bezeugt, daß die Verlautbarung dem Gemeinwohl der Kirche entspricht." (S. 115) Ich würde hinzufügen: ohne Rezeption mag eine Lehre, die durch die anerkannte (Akzeptanz und Rezeption!) Autorität in der Kirche verkündet wird, für die Kirche *gültig* sein – aber ob sie in der Kirche *gilt*, kann ohne Beachtung der Rezeption keineswegs festgestellt werden. Deshalb stimme ich Juros zu: „Das Lehramt soll sich deshalb von solchen Lehrentscheidungen zurückhalten, die in dem Sinne kontrovers sind, daß sie noch nicht für die ganze Gemeinschaft rezipierbar bzw. akzeptabel sind. Die Kirche bildet eine Interpretationsgemeinschaft, die auch legitim einen Pluralismus von unterschiedlichen Interpretationen in bestimmten Fragen durch den ganzen Lebenskontext der Gemeinschaft zuläßt" (S. 116).
Der Lebenskontext – das ist zugleich der Entdeckungszusammenhang für die einschlägigen Sachargumente und für die einschlägige Erfahrungskompetenz. Beides kann nicht durch den Verweis auf Autorität und Gültigkeit absolut dominiert werden. Dazu noch einmal Juros: „Für den innerkirchlichen Rezeptionsprozeß ethischer Normen wäre eine Selbstbegrenzung und Zurückhaltung in endgültigen Entscheidungen erforderlich, damit sie die sittliche Vernunft des Rezipienten nicht überspringen. Diese Zurückhaltung ist für die Integration des christlichen Ethos unverzichtbar. In sorgfältigen Untersuchungen seiner sittlichen Vernunft, von welchen der Glaubensgehorsam nicht entbinden kann, versucht jedes Glied zum Rezeptionsprozeß beizutragen, was der Menschenwürde in konkreten Lebensverhältnissen entspricht, welche Haltungen und Handlungen moralisch verantwortlich, richtig oder falsch sind. Ohne das Suchen und Finden der Sachargumente, auch auf abweichenden Wegen, gibt es keine vollständige Rezeption.
Deshalb gibt es heute Stimmen, die nach wie vor die Rezeption des Antikonzeptionsverbots von *Humanae Vitae* für fragwürdig halten. Einige Autoren vertreten die Ansicht, die Normfindung und Normbegründung sei kein Rezeptionsprozeß gewesen. Es habe nur einen psychologischen Druck der weltweiten Öffentlichkeit auf den Papst gegeben, in dessen Kontext er die Enzyklika frei und ‚prophetisch'

veröffentlicht habe, mit dem Risiko, daß sie nicht rezipiert werden könne. Unter dem Gesichtspunkt des langfristigen Dauerversuchs und des Weiterbestehens eines Rezeptionsprozesses behaupten andere das Gegenteil ..." (S. 117).

Wir sind noch mitten in einem Rezeptionsprozeß, bei dem alle Versuche, ihn autoritativ von oben zu beenden, bisher gescheitert sind und scheitern werden. Es ist ein offener Prozeß, wieviel auch über seine Geschlossenheit geredet wird. Es geht dabei gelegentlich polemisch zu, und es kommen Fouls vor. Die Streitenden sollten sich aber darin einig sein, daß hier ein Modellfall der Probe auf eine offene Katholizität und auf eine wirkliche „Communio" vorliegt. Daher kann es nicht um fragwürdige Koalitionen nach außen gehen, auch wenn die innerkirchliche Öffentlichkeit nach außen reicht und daher Öffentlichkeit kein Tabu sein kann. Der katholische Rezeptionsprozeß wird letztlich in dieser dritten Modernismuskrise des Katholizismus (nach dem Streit um Bibelauslegung und um Naturwissenschaft) darüber entscheiden, was nicht bloß nach den Regeln der Promulgation gültig ist, sondern was gilt.

4. Elf kritische Thesen zu Humanae Vitae, Persona Humana, Familiaris Consortio, Donum Vitae

1. Die Behauptung einer langen Lehrtradition setzt voraus, daß die Tradition des sogenannten „Ehemißbrauchs" für die Empfängnisregelung in Anspruch genommen wird. Kontinuität in der Tradition wird durch Definition hergestellt. Also ist diese Kontinuität nicht aus sich heraus gegeben.[8]
2. Die Treue der Kirche zu ihrer eigenen Lehre kann nicht in Gegensatz zur Lehrentwicklung gebracht werden. Sonst könnte man mit dem gleichen formalen Argument die Veränderung der Lehre von den Ehezwecken in *Humanae Vitae* angreifen, mit dem man seitens *Humanae Vitae* die Konstanz der Lehre behauptet.
3. Es ist nicht schwer nachzuweisen, daß sich die Lehre der Kirche in Sexualität und Ehe verändert hat und daß diese Verän-

8 Vgl. 7. Kapitel, 1.

derung in ihrer personalistischen Tendenz die Kriterien der sittlichen Verantwortung den Kriterien der personalen Liebe fortschreitend unterstellt.

4. Will man diese Bewegung aufhalten, dann muß man teils personalistisch, teils naturalistisch argumentieren. Dabei ist das Problem nicht, daß etwa von kritischen Moraltheologen der leiblichen Natur des Menschen, die ihn mit der vormenschlichen Schöpfung verbindet, die Signifikanz für die personale Deutung abgesprochen wird. Entsprechende Polemiken sind nicht treffsicher. Ein Problem ist vielmehr, daß man sich nicht zugleich gegen naturale Signifikanz im Namen der Person zur Wehr setzen kann, wenn es um den Vergleich tierischer und menschlicher Verhaltensformen geht, um dann auf der anderen Seite eine naturale Signifikanz gleicher Ordnung (Fortpflanzungsfähigkeit der Sexualakte) als präformierende „natürliche Neigung" (inclinatio naturalis) zu betrachten. Diese Art der Argumentation wirkt voluntaristisch, wenn auch die intellektuellen Klimmzüge dabei oft erstaunlich sind.

5. Die personale Signifikanz der Natur ist deutungsoffen. Die Vernunft interpretiert die vorpersonale Natur im Hinblick auf die Person. Deshalb ist von zentraler Bedeutung, wie Person im Zusammenhang von Vernunft und Offenbarung verstanden wird. Darin sind sich die Kontrahenten einig.

   Der Personbegriff, wie er im Zusammenhang mit der Bereinigung theologischer Schwierigkeiten in der Trinitätslehre und in der Christologie herausgebildet wurde, enthält sowohl das irreduzible und unaustauschbare Einzelne jedes Menschen, das ihn im Bereich der Lebewesen je eine Gattung für sich sein läßt, als auch die „relatio subsistens", d.h. den Schnittpunkt von wechselseitigen Beziehungen, das sozial ausgesprochene, wenn auch nicht sozial definierte und determinierte Dasein.

   Wenn die Person der auf sich selbst verpflichtete Kern der individuellen Freiheit und der sich selbst annehmende Vollzug der solidarischen Freiheit als geschenkte Freiheit im Offenbarungsgeschehen ist, dann kann sie nicht im Sinne einer Determination der Naturgattung „Mensch" behandelt werden.

6. Schon das Mittelalter wußte um die Relativität der Erkenntnis, insbesondere der Erkennbarkeit der Natur. Die Erkenntnis der Paradigmenwechsel in der Naturerkenntnis gehört zur Erfahrung der Geschichtlichkeit in der Neuzeit.

Kontinuität und Konsistenz der Naturerkenntnis gibt es dennoch, aber nicht ohne Wandel, wie es nach unseren Erkenntnissen ohnehin eine Identität (d.h. Kontinuität und Konsistenz zusammen) nicht ohne Wandlung geben kann.

7. Die isolierte Betrachtung des Sexualaktes ist falsch. Die Reduktion der Beziehungsethik auf sexuelle Beziehungen ist falsch. Das sind, leider immer wieder ausgeblendete, Binsenwahrheiten. Nur eine komplexe Betrachtung der Zuwendung, der Intentionen im Beziehungsgeschehen ist sachgerecht. Daher ist auch eine Unterscheidung „instrumentell – nicht-instrumentell" nur in Grenzbereichen (von direkter bis zu sublimer Gewalt) sinnvoll.
8. In allen Fällen läßt sich das Gewissen als „iudicium ultimum practicum" (letztinstanzliches praktisches Urteil) nicht bloß als Ausführung vorbekannter Normativität verstehen.
9. Gegen die Ausnahmslosigkeit der Geburtenregelungsnorm spricht die Möglichkeit von Handlungen mit Doppelwirkung und die Möglichkeit sich entwickelnder Sachkenntnis ebenso wie die Möglichkeit jetzt noch nicht absehbarer Konflikte, wie sie im Falle von „Aids" eingetreten sind.
10. Die Rezeption der Norm steht zu ihrer wirksamen Promulgation in einem Wechselwirkungsverhältnis.
11. Die Geburtenregelungsnorm ergibt sich nicht zwingend aus der theologischen Anthropologie, noch setzt sie diese voraus.

Grünewald-Reihe

Alois Müller
Der Dritte Weg zu glauben
Christsein zwischen Rückzug und Auszug
Grünewald-Reihe
1990. 108 Seiten. Kst.

In der Krise der Kirche und des Glaubens lassen sich zwei gegensätzliche Reaktionen aufzeigen: auf der einen Seite die angstvolle und machtbetonte Selbsteinschließung in traditionelle Lehr- und Ordnungsgefüge der Kirche, auf der anderen Seite eine fast uneingeschränkte Auslieferung des Glaubensdenkens an verschiedene Zeitströmungen und damit verbunden ein Identitätsverlust.
Alois Müller schlägt einen dritten Weg vor: die Orientierung am christlichen Glauben, wie er in der Bibel bezeugt ist.

Bernd Jochen Hilberath
Der dreieinige Gott und die Gemeinschaft der Menschen
Orientierungen zur christlichen Rede von Gott
Grünewald-Reihe
1990. 120 Seiten. Kst.

Trotz der weitverbreiteten Meinung „Wir glauben doch alle an denselben Gott" erweist sich bei genauerem Hinsehen das Gottesbild als das Unterscheidend-Christliche. Christlicher Gottesglaube ist im Unterschied zu allen anderen Religionen Glaube an einen dreieinigen Gott.
Daß eine Theologie, die von diesem Geheimnis der Trinität ausgeht und es entfaltet, nicht in eine Art „höherer Mathematik" ausarten muß, zeigen die Beiträge des Autors in diesem Buch.